SPORT
VERLAG

Dr. Siegwart Karbe
Erna Pasch

Gymnastik zur Entspannung

sanfter Weg mit starker Wirkung

137 Übungen für jung und alt
zur Entspannung, Dehnung, Lockerung,
Kräftigung und Atmung

Fotografiert von Carlus Goetjes

Sportverlag Berlin

Karbe, Siegwart:
Gymnastik zur Entspannung : sanfter Weg mit starker Wirkung : 137 Übungen für jung u. alt zur Entspannung, Dehnung, Lockerung, Kräftigung u. Atmung / Siegwart Karbe: ; Erna Pasch. Fotogr. von Carlus Goetjes. – 3. Aufl. – Berlin : Sportverl., 1991
NE: 2. Verf.:; 3. Verf.:

ISBN 3-328-00152-2

Dritte Auflage
Fotos: Carlus Goetjes
Einbandgestaltung: Theodor Bayer-Eynck
Einbandfoto: THE IMAGE BANK/Barto Gio
Satz: IBV Satz- und Datentechnik GmbH, Berlin
Druck und Binden: Graphischer Großbetrieb Pößneck GmbH
Ein Mohndruck-Betrieb
Printed in Germany

Inhalt

Die sanfte Welle kommt!

137 gymnastische Übungen für jung und alt. Ja, für jung und alt! Das mögen Sie nicht glauben, wenn Sie das Buch durchblättern und vielleicht die beiden Mädchen bewundern und meinen „Das schaffe ich nie!“ Auf Anhieb sicher nicht. Aber, wenn Sie sich der sanften Prozedur dieser besonderen Art von Gymnastik unterziehen, dann wird Ihnen vieles gelingen, woran Sie jetzt noch nicht glauben wollen. Und wenn Sie auch nicht alle Übungen so perfekt ausführen können, was schadet es? Auf jeden Fall schadet es nicht Ihrer Gesundheit und Ihrem Wohlbefinden, wenn Sie nach unseren Vorschlägen üben. Das Gegenteil ist der Fall, denn die sanfte Gymnastik schließt weitgehend falsche Belastungen aus, die bei schnellen und rhythmischen Bewegungen auftreten können, wenn sie nicht richtig, sondern ruckartig ausgeführt werden. Dafür ist der Effekt, den Sie mit dieser hier vorgestellten Gymnastik erreichen können, ganz erheblich. Nicht nur, daß Sie beweglicher werden, daß sich verkrampfte Muskeln lockern, daß Sie sich einen Ausgleich nach anstrengendem Sporttreiben, einseitiger Arbeitsbelastung schaffen oder Ihren Körper für den Sport erwärmen und geschmeidig machen, der Effekt ist umfassender: Durch die Übungen wird schließlich erreicht, daß Sie sich insgesamt physisch und psychisch entspannt, „wie neu geboren“ fühlen. Es ist ja schon lange bekannt, daß Bewegung nicht nur auf die Muskeln und den Kreislauf wirkt, sondern daß Spannungen gelöst, Atmung, Stoffwechsel und Nervenfunktionen positiv beeinflußt werden können. Es lohnt sich also für jeden, nicht nur für Sportler, ein paar Wochen lang die Übungen auszuprobieren und nach den im Buch vorgeschlagenen Programmen oder nach eigener Wahl zu üben. Ohne daß Sie es merken, wird Ihnen die tägliche Gymnastik zur nützlichen Gewohnheit werden.

Für die Zusammenstellung der Übungen zur Entspannung, Dehnung, Lokkerung, Mobilisierung, Kräftigung, Atmung und Ausdauerförderung wurden sowohl die Erfahrungen wie auch das Übungsgut aus der Bewegungstherapie in Gesundheitseinrichtungen, aus der Gymnastik des Sports und aus den Körperübungen des Yoga herangezogen. Die Verbindung der verschiedenen Bereiche besorgten eine Physiotherapeutin und ein Sportpädagoge, jeder mit seinen Auffassungen und Erfahrungen. Das Ergebnis dieses Zusammenwirkens liegt nunmehr als Übungssammlung vor. Gerade die Kombination der Übungen mit den verschiedenen Zielsetzungen ist es, die viele ansprechen wird, die nicht nach hohen sportlichen Leistungen streben, die möglicherweise bereits ein Nachlassen ihrer Körperkräfte spüren! Dieses

Buch wird Ihnen helfen, länger jung zu bleiben – oder wieder jung zu werden!
Doch bevor es losgeht, sollten Sie die Hinweise, die wir Ihnen auf den folgenden Seiten geben, durchlesen, denn nur richtig angewendet und mit dem Verständnis für den Zweck der Übungen werden Sie auf die Dauer Erfolg haben. Den wünschen Ihnen Autoren und Verlag.

Wer rastet, der rostet

Diese Aufforderung zum Tätigsein beruht auf der Tatsache, daß sich die Fähigkeiten und Fertigkeiten eines Menschen nur im Prozeß der Tätigkeit entwickeln. Das trifft für alle Fähigkeiten und Fertigkeiten zu, ganz gleich ob es sich um geistige, künstlerische, körperliche oder andere handelt. Anders ausgedrückt, was nicht gebraucht wird, entwickelt sich nicht bzw. verkümmert wieder. Zum Beispiel Fremdsprachenkenntnisse, die in der Schule erworben wurden, werden bei fehlender Anwendung in ein paar Jahren vergessen, oder Kraft- und Ausdauerfähigkeiten, die im Kindes- und Jugendalter entwickelt wurden, nehmen im Erwachsenenalter sehr schnell ab, wenn im Berufsleben diese Fähigkeiten nicht benötigt werden und sportliche Betätigungen unterbleiben. Auf den ersten Blick erscheint es gar nicht so bedeutsam, ob im Laufe des Lebens die körperliche Leistungsfähigkeit lange auf einem relativ hohen Niveau erhalten bleibt oder nicht. Übernehmen doch mehr und mehr Maschinen und Automaten die körperliche Arbeit des Menschen. Der Mensch muß vor allem mit dem Kopf arbeiten, Produktionsprozesse leiten und planen, Maschinen konstruieren, bedienen und anderes mehr. Am Arbeitsplatz überwiegen geistige Tätigkeiten, und die noch zu verrichtenden körperlichen Arbeiten sind meistens einseitig. Die Folgen körperlicher Unterforderungen und das Fehlen eines sportlichen Ausgleichs werden erst dann wahrgenommen, wenn der Körper nicht mehr so richtig funktionieren will. Mit Hilfe des Arztes werden dann eine Reihe von Störungen, Erkrankungen, die oft mit Bewegungsarmut zusammenhängen, behandelt.
Bewegungsmangel ist ein Risikofaktor für eine Reihe von Krankheiten. Dazu zählen u. a. Herz-Kreislauf-Erkrankungen, Stoffwechselstörungen, Bluthochdruck, Erkrankungen der Atmungsorgane und Erkrankungen am Stütz- und Bewegungsapparat. Viele Menschen kennen die Folgen des Bewegungsmangels und erkennen die sportliche Tätigkeit auch als notwendigen Ausgleich an. Bedeutend weniger handeln jedoch danach. Wenn körperliches Training auch kein Allheilmittel ist, so ist doch, um auf den Ausgang, „Wer rastet, der rostet“, zurückzukommen, ein hohes Maß an körperlicher Aktivität für den Gesundheitserhalt und das Wohlbefinden notwendig.

Etwas Theorie muß sein

Bevor Sie weiterlesen, führen Sie bitte einen kleinen Test durch. Einige theoretische Erläuterungen sind dann verständlicher.
Legen Sie sich zu Hause mit dem Rücken völlig entspannt auf eine Decke, führen Sie die Arme über den Kopf und lassen Sie diese in ‚U-Halte' locker auf den Teppich sinken. Nun müßten die Beine, der Rücken, die Schultern, die Ober- und Unterarme und der Kopf entspannt und schmerzfrei auf dem Teppich liegen. Ist das so?

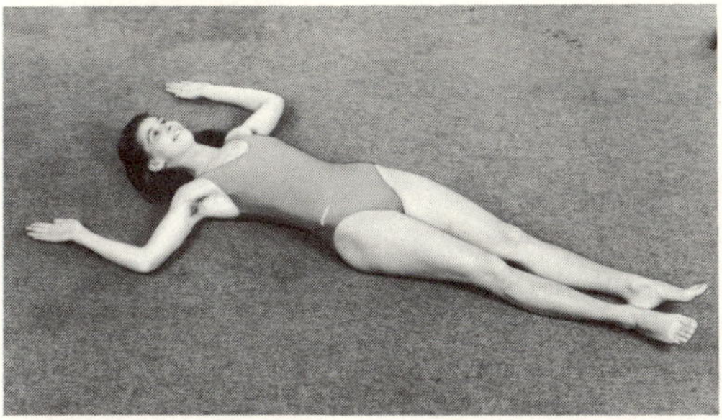

Es gelingt meistens nicht. Die Arme oder die Schultern liegen nur teilweise auf bzw. sind angespannt. Im Lendenbereich ist die Wirbelsäule stark angehoben (Hohlkreuz). Vielleicht ist die Wirbelsäule auch seitlich gekrümmt. Diese einfache Übung, die ein gesundes Kind problemlos ausführen kann, fällt vielen von uns Erwachsenen schwer. Was sind die Ursachen, die zu teilweise schmerzhaften Verspannungen führen?

Muskuläres Gleichgewicht

Bei körperlichen Tätigkeiten im Beruf, beim Sporttreiben, im Alltagsleben usw. verrichten die Skelettmuskeln statische und dynamische Arbeit (Halte- und Bewegungsarbeit). Stets werden einzelne Muskeln bzw. Muskelgruppen im Umfang und in der Intensität stark und andere wenig belastet. Die Belastungsunterschiede sind die wesentlichsten Ursachen, die im Laufe des Lebens die normalen, ausgewogenen Kraftverhältnisse zwischen den verschiedenen Muskeln und Muskelgruppen aus dem Gleichgewicht bringen.

Bewegungsmangel, verbunden mit ungünstigen Arbeits- und Sitzhaltungen, fördert die Entwicklung dieses muskulären Ungleichgewichtes, die muskulären Dysbalancen. Die Hauptarbeitsmuskulatur, d. h. die Muskeln, die den größten Teil der zu leistenden Bewegungs- und Haltearbeit zu verrichten haben, sind in der Regel verhältnismäßig kräftig. Ihre Gegenspieler, die Antagonisten, sind dagegen meist nur schwach entwickelt, woraus zu erklären ist, daß die Hauptmuskelgruppen zur Verkürzung neigen. Abgesehen davon, daß verkürzte bzw. abgeschwächte Muskeln in der Kraftentfaltung leistungsgemindert sind, können vor allem im höheren Lebensalter infolge der Muskeldysbalancen Bewegungseinschränkungen oder Schmerzen auftreten.
Beispielsweise werden im Alltagsleben durch die aufrechte Körperhaltung beim Gehen und Stehen die zur Verkürzung neigenden Muskeln, die langen Rückenstrecker, der Lenden-Darmbein-Muskel und der gerade Schenkelmuskel relativ hoch beansprucht. Dagegen werden die zur Abschwächung neigenden Gegenspieler, die Bauch- und Gesäßmuskeln, nur gering belastet. Fehlende funktionelle Anforderungen führen immer zur Herabsetzung der Leistungsfähigkeit. In diesem Fall zur Kraftabnahme der Bauch- und Gesäßmuskeln. Das Muskelkraftgleichgewicht ist gestört, und eine Beckenkippung nach vorn mit verstärkter Hohlkreuzbildung bleibt nicht aus. Verminderte Belastbarkeit und Schmerzen im Lendenwirbelbereich sind dann oft die Folgen. Mit Hilfe zweckmäßiger Übungen muß deshalb versucht werden, vorhandene Muskelverspannungen zu lösen und das Muskelgleichgewicht wieder herzustellen. Dabei ist besonders darauf zu achten, daß die zur Verkürzung neigende Muskulatur gedehnt und die geschwächte Muskulatur gekräftigt wird.
Die Sportpraxis zeigt jedoch häufig, daß der Muskelkräftigung mehr Aufmerksamkeit als der Muskeldehnung geschenkt wird. Dabei werden auch oftmals die schon zur Verkürzung neigenden Muskeln höher als die zur Abschwächung neigenden Muskeln belastet. Ein Ungleichgewicht im Kraftpotential der Skelettmuskeln wird so noch verstärkt.
Inwieweit Störungen des muskulären Gleichgewichts vorliegen, kann nur ein Fachmann, ein ausgebildeter Physiotherapeut, mittels Muskelfunktionsprüfungen exakt feststellen. Es muß sich jedoch nicht jeder, der sich sportlich betätigen will, erst einer Muskelfunktionsprüfung unterziehen. Anhand von umfangreichen Untersuchungen wurde festgestellt, daß einige bestimmte Muskeln häufiger zur Verkürzung, andere zur Abschwächung neigen.

In der Fachliteratur werden zur Verkürzung und zur Abschwächung neigende Muskeln wie folgt angegeben.

Zur Verkürzung neigende Muskeln

- Muskeln des Schultergürtels
  - Schulterblattheber (M. levator scapula)
  - oberer Anteil des Kappenmuskels (M. trapezius)
- Beugemuskeln der Hand und der Finger
- Muskeln zur Rückenstreckung
- Muskeln der Brust und des Bauches
  - großer Brustmuskel (M. pectoralis major)
  - viereckiger Lendenmuskel (M. quadratus lumborum)
- Muskeln der Hüfte
  - Lenden-Darmbein-Muskel (M. iliopsoas)
  - Schenkelbindenspanner (M. tensor fasciae latae)
- Muskeln des Oberschenkels
  - Adduktoren des Oberschenkels
  - gerader Schenkelmuskel (M. rectus femoris)
  - Halbsehnenmuskel (M. semitendinosus)
  - Plattensehnenmuskel (M. semimembranosus)
  - zweiköpfiger Schenkelmuskel (M. biceps femoris)
- Muskeln des Unterschenkels
  - Zwillingswadenmuskel (M. gastrocnemius)
  - Schollenmuskel (M. soleus)

Zur Abschwächung neigende Muskeln

- Muskeln des Schultergürtels (untere Schulterblattfixatoren)
  - vorderer Sägemuskel (M. serratus anterior)
  - kleiner und großer Rautenmuskel (M. rhomboides minor et major)
  - mittlerer und unterer Anteil des Kappenmuskels (M. trapezius)
- Beugemuskel des Halses
- Teile der Bauchmuskulatur
  - gerader Bauchmuskel (M. rectus abdominis)
- Gesäßmuskulatur
- Muskeln des Oberschenkels
  - Köpfe des vierköpfigen Schenkelstreckers (Vasti des M. quadriceps femoris)
- Muskeln des Unterschenkels
  - vorderer Schienbeinmuskel (M. tibialis anterior)
  - langer Wadenbeinmuskel (M. peroneus longus)
  - kurzer Wadenbeinmuskel (M. peroneus brevis).

Auf der Grundlage dieser Erkenntnis wurden die Übungen dieses Buches schwerpunktmäßig ausgewählt. Der Übende kann sich sein individuelles Programm selbst zusammenstellen. Dabei sind die bei allen Übungen angegebenen Wirkungsrichtungen eine wesentliche Hilfe. Im Kapitel „Das Üben muß vorbereitet werden“ erfahren Sie mehr zum Aufbau Ihres Übungsprogramms.

Psychische und physische Entspannung

Psychische Spannungen und Erregungen, im allgemeinen als Streß bezeichnet, treten in vielen Lebenssituationen in Erscheinung und wirken auf den Menschen unterschiedlich. Sie können leistungsaktivierend oder krankmachend sein. Denken Sie an die nervlichen Anspannungen vor großen Prüfungen. Der eine wächst über sich hinaus und erzielt gute Noten. Der andere versagt trotz gründlicher Vorbereitung. Nach der erfolgreichen Prüfung klingt die nervliche Anspannung schlagartig ab. Bei einem Mißerfolg bleibt sie erhalten bzw. baut sich in Erwartung der Wiederholungsprüfung oder einer anderen Prüfung weiter auf. Und wie oft stellt uns das tägliche Leben vor Prüfungen?
Psychischer Dauerdruck, der Dauerstreß, ist oft Ursache zahlreicher Erkrankungen. Er kann auch muskuläre Verspannungen und Verkrampfungen auslösen. Umgekehrt können aber auch muskuläre Verspannungen und Verkrampfungen, deren Ursachen oft in einseitigen und für die Muskeltätigkeit ungünstigen Arbeitshaltungen liegen, den Menschen psychisch belasten. Zum Beispiel klagen Schreibkräfte und Friseusen häufig über Schmerzen im Schultergürtelbereich und leiden gleichzeitig unter Kopfschmerzen und Nervosität. Mit Hilfe gymnastischer Übungen ist es möglich, sowohl die Muskulatur zu entspannen und zu lockern als auch nervliche Erregungszustände zu mildern. Das ist auch das Ziel unserer speziellen Entspannungsgymnastik.
Eine entspannende Wirkung haben aber auch andere sportliche Betätigungsformen. Es können Naturerlebnisse bei Ausdauerläufen oder Wanderungen im Wald, spielerische Auseinandersetzungen bei Sportspielen oder Kleinen Spielen, Freude bei gymnastischen Übungen nach moderner Tanzmusik u. a. m. sein. Durch körperliche Anstrengung in Verbindung mit vielfältigen emotionalen Eindrücken wird der Übende nicht nur von den Alltagsproblemen abgelenkt. Nach einer kurzen Phase der Erholung schöpft er auch neue Kraft für die tägliche Arbeit, fühlt sich ausgeglichener und leistungsfähiger.

Ist bereits eine tiefe psychische Erschöpfung vorhanden, sollte ein Psychotherapeut aufgesucht werden. Mit psychotherapeutischen Behandlungen und entspannenden sportlichen Übungen kann dann ein zur Heilung führender Weg beschritten werden.

Atmung

Im allgemeinen beachten wir unsere Atmung kaum. Sie funktioniert ohne unseren Willen automatisch. Erst, wenn bereits kleinere körperliche Anstrengungen, z. B. das Treppensteigen über ein paar Stockwerke, zur „Atemnot" führen, nehmen wir die Atmung bewußter wahr. Durch das Treppensteigen müssen die daran beteiligten Muskeln ihren Energieumsatz steigern. Das ist nur möglich, wenn sie ausreichend mit Sauerstoff versorgt werden. Von der Leistungsfähigkeit der Atmungsorgane (Sauerstoffaufnahme) und des Herz-Kreislauf-Systems (Sauerstofftransport) hängt es folglich vor allem ab, ob wir im ersten, zweiten oder dritten Stockwerk eine „Atempause" einlegen müssen oder nicht.
Die Funktion der Atemorgane ist, wie das auch für alle anderen Organe zutrifft, vom Gebrauch abhängig. Im normalen Alltagsleben wird die Atmung selten ausreichend beansprucht. Die ständige Unterbeanspruchung der Lungenfunktion führt relativ rasch und fortschreitend zur Begrenzung der Atemfunktion. Ausdauersportler haben im Vergleich zu gleichaltrigen untrainierten Personen ein zwei bis drei Liter größeres Lungenfassungsvermögen.
Der geringe Gebrauch der Atmungsorgane im Alltag führt zu einer Verflachung der Atmung. Die meisten Menschen atmen nur noch in den oberen Brustraum hinein. Ein Teil der Lunge bleibt damit unbeatmet – unbelüftet. Vor allem im höheren Lebensalter werden dadurch Erkrankungen der Atemwege begünstigt.
Eine Funktionssteigerung des Atmungssystems wird vor allem durch Ausdauertraining erreicht. Dafür eignen sich besonders Radfahren, Schwimmen, Laufen, Rudern, Kanu und Skilanglaufen. Aber auch durch gymnastische Übungen kann ein nicht zu unterschätzender Einfluß auf die Atmung ausgeübt werden. Vor allem kann die Atemtechnik verbessert und die Atemmuskulatur gekräftigt werden. Atemübungen nehmen deshalb in unserer Übungsanleitung einen relativ großen Raum ein. Außerdem werden bei fast allen anderen Übungen Hinweise zur richtigen Atmung gegeben.

Worauf ist beim Atmen zu achten?

Anzustreben ist die sogenannte Vollatmung, an der Zwerchfell und Zwischenrippenmuskeln umfassend beteiligt sind. Beim Einatmen senkt sich das Zwerchfell, unser Hauptatmungsmuskel, der Bauch- und Brustraum voneinander trennt. Die Bauchwand wölbt sich dabei etwas nach vorn. Sie können dies mit der Hand deutlich fühlen. Durch das Senken des Zwerchfells wird der Brustraum nach unten erweitert. Synchron mit dem Zwerchfell arbeiten die Zwischenrippenmuskeln und erweitern den Brustraum durch das Anheben der Rippen. Die Lunge kann sich so nach allen Seiten ausdehnen und Atemluft aufnehmen. Beim Ausatmen geht das Zwerchfell in seine Ruhelage zurück und engt den Brustraum von unten ein. Die Zwischenrippenmuskulatur senkt die Rippen und verkleinert den Brustraum weiter. Die verbrauchte Atemluft entweicht den Lungen.
Viele Menschen atmen falsch, indem sie beim Einatmen den Bauch einziehen und beim Ausatmen herausdrücken. Diese Atmung ist, wie bereits erwähnt, sehr ungünstig, weil sie nur flach in den oberen Brustraum erfolgt. Ein großer Teil der Lunge bleibt unbelüftet. Häufig stimmt auch der Atemrhythmus nicht. Es wird zu lange eingeatmet und nur kurz ausgeatmet. Die kurze Ausatmungszeit hat zur Folge, daß noch viel verbrauchte Luft in der Lunge verbleibt und nicht genug frische Luft einströmen kann.
Die Atemfrequenz paßt sich normalerweise unbewußt der Intensität der körperlichen Bewegung an. Der Atemablauf ist gegliedert in Einatmung, Ausatmung und Atempause. Der Übergang von Einatmungs- zur Ausatmungsphase ist zwanglos und „weich". Durch Übungen kann der Atemablauf positiv beeinflußt werden.

- Schulen Sie am besten Ihren individuellen Atemrhythmus in der körperlichen Ganzentspannung. Legen Sie sich entspannt auf den Teppich.
- Erfühlen Sie bewußt Ihren Atemrhythmus. Durch Auflegen einer Hand auf den Bauch und die unteren Rippen fühlen Sie die Weitung des Bauch- und Brustraumes (Einatmung), das Zurückgehen der Körperwände (Ausatmung) und die Ruhe (Atempause).
- Legen Sie größten Wert auf die Lockerheit im Bauch- und Brustraum während der Ausatmung und der Atempause.
- Koordinieren Sie dann den Atemrhythmus mit den gymastischen Übungen zwanglos (Übungsbeispiele finden Sie im Buch).
- Atmen Sie nicht auf ein Kommando. Dadurch wird ein willkürlicher Einfluß auf den unbewußt ablaufenden Atemvorgang ausgeübt.

Der normale Atemablauf kann durch Erkrankungen im Atemsystem, hochgradige Nervosität und durch willkürliche Beeinflussung, z. B. bei schweren körperlichen Tätigkeiten (Preßatmung), gestört sein. Der Organismus erhält zu wenig lebensnotwendigen Sauerstoff. Dadurch werden körperliche und geistige Anforderungen nur mit großen Mühen bewältigt, und das gesundheitliche Wohlbefinden nimmt ab. Deshalb hat das Atemtraining eine so große Bedeutung. Es trägt zur besseren Versorgung des Organismus mit Sauerstoff bei und damit zum Erhalt bzw. zur Wiederherstellung der Gesundheit.

Beweglichkeit der Gelenke

Die gelenkigen Verbindungen zwischen den einzelnen Knochen unseres Skeletts ermöglichen unsere Bewegungen. Durch Muskeltätigkeit verschieben wir die Gelenkflächen der Knochen gegeneinander – wir bewegen uns. Dabei wird die Bewegungsart durch die Konstruktion der Gelenke, d. h. durch Gestalt und Berührung der Gelenkflächen, bestimmt.
Die Ausnutzung der anatomisch vorgegebenen Bewegungsmöglichkeiten hängt von der Dehnbarkeit der die Gelenke umgebenden Bänder, Sehnen und Muskeln sowie von der Muskelkraft ab. Durch regelmäßiges Üben und Trainieren können sowohl die Dehnbarkeit der Bänder, Sehnen und Mus-

keln als auch die Kraft verbessert werden. Die Bänder besitzen jedoch nur eine geringe Dehnfähigkeit. Da sie vor allem das Gelenk halten und schützen sollen, ist es auch wenig sinnvoll, die Dehnbarkeit der Bänder zu verbessern. Eine wesentliche Entwicklung der Beweglichkeit ist zu erreichen, wenn durch Übungen die Dehnbarkeit, die Elastizität der Muskelfasern und die Muskelkraft erhöht werden.
Die im Kindes- und Jugendalter meistens gut entwickelte Beweglichkeit geht im Erwachsenenalter, wenn nicht systematisch sportliche Übungen durchgeführt werden, sehr stark zurück. Mit einem kleinen Test wollen wir das verdeutlichen. Gehen Sie barfuß in die tiefe Hocke, ohne daß dabei die Fersen angehoben werden. Der Wadenmuskel ist, da er bei jedem Schritt, den wir

tun, „trainiert" wird, auch im höheren Lebensalter noch kräftig. Im täglichen Gebrauch wird jedoch seine Dehnbarkeit nur in geringerem Maße beansprucht. Im Gegenteil, wir schränken den natürlichen Dehnungsgrad des Muskels beim Stehen oder beim Abrollen des Fußes während des Gehens durch das Tragen von hohen Absatzschuhen zusätzlich stark ein. Ist es verwunderlich, wenn die Elastizität des Wadenmuskels und damit die Beweglichkeit im Fußgelenk abnimmt? Eine große Beweglichkeit im Fußgelenk ist aber Bedingung, um in dem tiefen Hockstand verharren zu können, und Voraussetzung für ein elastisches Gehen, Laufen und Springen.

Inwieweit die Beweglichkeit eines Gelenks auch eingeschränkt sein kann, wenn die Kraft der Muskeln, die die Bewegungen bewirken, gering ist, können Sie mit dem nächsten Testbeispiel ausprobieren. Heben Sie im Stand ein Bein so hoch es geht, lassen Sie das Bein dabei gestreckt. Haben Sie Gleichgewichtsschwierigkeiten, dann halten Sie sich an einem Stuhl oder Tisch fest. Sie können das Bein nur bis zu einem bestimmten Winkel anheben. Ist die Muskelkraft gering, dann kann das Bein nicht einmal bis zur Waagerechten gehoben werden. Mit Partnerhilfe kann es dagegen weit höher geführt werden.

Ableitend für die Übungspraxis können wir festhalten, die Beweglichkeit unserer Gelenke bleibt lange erhalten bzw. kann wieder verbessert werden, wenn Übungen zur Muskeldehnung und Muskelkräftigung sinnvoll kombiniert werden.

Unsere Gelenke sind für eine lebenslange Funktion eingerichtet. Ein gesundes Gelenk wird auch durch lang andauernden Gebrauch nicht geschädigt, wenn die Bewegungen der Gelenkskonstruktion entsprechen. Zum Beispiel bewegen sich die gelenkigen Verbindungen unserer Rippen mit der Wirbelsäule von der Geburt bis zum Tode bei jedem Atemzug, ohne daß es uns besonders bewußt wird. Es gibt kaum einen Menschen, der über Abnutzung oder Verschleiß klagt.

Für die Gelenkfunktion sind regelmäßige körperliche Bewegungen unersetzlich. Sie geben den Reiz zur Bildung der Gelenkflüssigkeit, die das Gelenk „schmiert“ und „ernährt“. Die Bewegung sorgt auch für die zweckmäßigste Verteilung der Gelenkflüssigkeit innerhalb des Gelenks. Übertriebenes Schonverhalten, wie es manchmal bei älteren Menschen zu beobachten ist, beeinträchtigt die Gelenksgesundheit. Das Gesagte schließt nicht aus, daß unsere Gelenke auch Erholungspausen benötigen. Nach anstrengenden körperlichen Belastungen sollte man besonders die Gelenke der unteren Extremitäten, die die Last unseres Körpers zu tragen haben, auch einmal entlasten. Dazu eignen sich auch zahlreiche der in diesem Buch vorgestellten Entspannungsübungen. Weiterhin kann der Arzt eine zeitweilige völlige Ruhigstellung eines Gelenkes verordnen. Es gibt eine ganze Reihe von Gelenkbeschwerden, die unbedingt eine ärztliche Behandlung erfordern, um Dauerschädigungen abzuwenden. Dazu zählen Verletzungen im Bereich eines Gelenks, Entzündungen in den Gelenken und starke Bewegungsschmerzen.

Das Körpergewicht hat einen nicht zu unterschätzenden Einfluß auf die Funktion unserer Gelenke. Die überflüssigen Pfunde verteilen sich zum Kummer vieler Menschen nicht gleichmäßig auf den gesamten Körper. Der Bauch, die Hüften und die Oberschenkel sind die bevorzugten Speicherplätze für Fettpolster. Die große Gewichtszunahme, die Weitung der Bauch-

decke und die Erschlaffung der Bauchmuskeln verändern die Statik des Bewegungs- und Stützapparates, verstärken Hohlkreuz und X-Beine. Das zusätzliche Gewicht erhöht folglich nicht nur die Druckbelastung in den Gelenken, sondern zwingt die Gelenke in ungünstige Stellungen. Ein normales Körpergewicht ist deshalb auch für die lebenslange Beweglichkeit unserer Gelenke nützlich.
Wird eine intensive körperliche Belastung gefordert, müssen die Gelenke auf den hohen Anstrengungsgrad vorbereitet werden. Mittels einfacher und wenig Kraft erfordernder Übungen oder durch eine langsame Steigerung der Belastung wird verstärkt die Produktion von Gelenkflüssigkeit angeregt und gleichzeitig zur „Schmierung" der Gelenke verteilt.
Körperliche Belastungen sollten stets dem individuellen Leistungszustand angepaßt sein. Überschätzungen der Leistungsfähigkeit führen oft zur Überbeanspruchung der Gelenke. Soll eine neue sportliche Übung ausgeführt werden, muß zuerst die Technik erlernt werden, ehe größere Leistungsanforderungen gestellt werden. Die falsche Ausführung einer Übung kann sich schädigend auf die Gelenke auswirken.

Wie wirken unsere Übungen?

Jeder, der sich Kenntnisse in einem für ihn fremden Fachgebiet aneignen will, muß sich auch mit den gebräuchlichsten Begriffen des Faches vertraut machen. Auch der Sport hat einen spezifischen Wortschatz. Die folgenden Erläuterungen sollen Ihnen helfen, die wichtigsten Begriffe zu verstehen, letztlich mit dem Ziel, die Übungen entsprechend ihrer Wirkung ganz bewußt anzuwenden.

Entspannung

Entspannung ist die Fähigkeit, die Muskulatur zu entkrampfen und zu entspannen und nervliche Erregungen zu beruhigen. Muskuläre und nervliche Entspannungen sind notwendig, um sportliche Bewegungen (Techniken) richtig ausführen zu können, um Verkrampfungen und Verletzungen zu vermeiden und um die Fähigkeit zu verbessern, sich auf den Übungsprozeß zu konzentrieren.
Im Gegensatz zu anderen Übungen erfordern die Entspannungsübungen fast keinen Muskeleinsatz. Der Übende soll bewußt die Wirkung der Schwerkraft auf seinen Körper spüren und dabei durch die Konzentration auf seinen Körper versuchen, Außenreize abzuschalten.
Entspannungsübungen können passiv und aktiv durchgeführt werden. Schwere Übungen und Dehnlagerungen zählen zu den passiven und Übungen mit geringer Bewegungsintensität und minimalem Krafteinsatz zu den aktiven Entspannungsübungen.
Entspannungsübungen sind vor allem zu Beginn des Übens durchzuführen. Sie können aber auch nach hohen Belastungen im Training und im Wettkampfsport zwischen mehreren Starts angewendet werden.

Lockerung

Die Lockerung hat ebenso wie die Entspannung das Ziel, Muskelgruppen vor Verspannungen und Verkrampfungen zu schützen bzw. vorhandene Verspannungen und Verkrampfungen zu lösen. Im Gegensatz zu den Entspannungsübungen werden Lockerungsübungen immer aktiv vorgenommen. Die Körperteile der zu lockernden Muskelgruppen (meistens Extremitäten) werden durch flüssiges Schütteln, Schlenkern, Pendeln oder Fallenlassen bewegt. Lockerungsübungen sind vor, zwischen und nach hohen Belastungen durchzuführen.

Mobilisation

Mobilisierende Übungen werden angewendet, um die gelenkigen Verbindungen des Bewegungs- und Stützapparates beweglich zu machen (einzuarbeiten) und Herz-Kreislauf-Funktionen, Atemtätigkeit und Stoffwechselprozesse anzuregen. Innerhalb einer Übungsstunde sind mobilisierende Übungen besonders vor der Hauptbelastung durchzuführen. Die Belastungsintensität ist dabei ansteigend.

Dehnung

Durch Muskeldehnung soll die Dehnfähigkeit des Muskels verbessert werden, um die Bewegungsweite in den Gelenken zu vergrößern und damit letztlich die Beweglichkeit zu erhöhen. Bei der Dehnung geht es nicht darum, Sehnen, Bänder und Gelenkskapseln zu verlängern oder zu weiten, vielmehr soll die Muskelfaser gestreckt werden. Die Zunahme der Beweglichkeit ermöglicht eine größere Kraftentfaltung und eine bessere Bewegungskoordination. Außerdem ist ein vorgedehnter Muskel bei großen Belastungsanforderungen weniger verletzungsanfällig.
Alle Dehnungen können passiv oder aktiv ausgeführt werden. Eine Dehnung ist passiv, wenn sie durch die Einwirkung äußerer Kräfte, z. B. Übungspartner oder Schwerkraft, erfolgt. Bei Partnerübungen besteht die Gefahr, daß die Dehnung zu heftig und zu schwungvoll ist. Auf eine gefühlvolle Belastungsdosierung muß deshalb geachtet werden. Die aktive Dehnung erfolgt durch den Zug des Antagonisten (Gegenspielers). Der Vorteil besteht vor allem darin, daß mit der Dehnung gleichzeitig der Antagonist gekräftigt wird.
Vor Dehnübungen sind stets entspannende,lockernde und mobilisierende Übungen durchzuführen, um Verletzungen, z. B. Zerrungen, zu vermeiden.
In der Sportpraxis werden zur Muskeldehnung drei Wege beschritten.

1. Wiederholende oder federnde Dehnung
Diese Art der Dehnung wird am häufigsten angewendet. Die Übungen werden mit ansteigender Intensität federnd ausgeführt. Die Gefahr bei einer zu ruckartigen, reißenden Bewegungsausführung besteht einmal darin, daß der Kraftaufwand größer sein kann als die Dehnfähigkeit des Muskels. Ver-

letzungen sind oftmals die Folge. Zum anderen ist das Risiko groß, daß die bei älteren Menschen oft knöchern verfestigte Wirbelsäule in der Statik negativ beeinträchtigt wird und es zu verstärkten Beschwerden kommt.
Zu heftige Dehnübungen lösen eine reflektorische Gegenspannung im Muskel aus. Dieser Reflex ist eine Schutzreaktion, um Überdehnungen und Verletzungen zu vermeiden. Die erwünschte Dehnung wird nicht erreicht. Diese Methode sollte besonders von Erwachsenen nur mit großer Vorsicht angewandt werden. In dieser Anleitung verzichten wir weitestgehend auf solche Übungen.

2. Dauernde oder statische Dehnung
Das Charakteristische dieses Weges ist eine lange Dehndauer. Die Dehnübungen werden langsam ausgeführt, und in der günstigsten Streckhaltung wird die Dehnung 10 bis 60 Sekunden ohne große Schmerzen aufrecht erhalten. Diese Form der Dehnung entspricht der Ausführung von Yogaübungen und der Anwendung in der Bewegungstherapie. Der Vorteil liegt in der guten Dosierbarkeit des Kraftaufwandes. Die Gefahr einer Verletzung besteht dabei nicht. Diese Methode der Muskeldehnung wird von uns deshalb bevorzugt verwendet.

3. Dehnung nach Anspannung und Entspannung
Diese Form wird in der Sportpraxis zur Zeit noch wenig angewandt. Sie hat sich vor allem in der Bewegungstherapie bewährt. Der Muskel wird 10 bis 30 Sekunden angespannt, dann zwei bis drei Sekunden entspannt, und danach erfolgt eine sanfte Dehnung bis zum Widerstand. Die Dehnung wird 10 bis 30 Sekunden beibehalten. Durch die vorangegangene Muskelspannung wird die reflektorische Gegenspannung des Muskels bei Dehnungsreizen nur gering wirksam. Diese Art der Dehnung ist sehr effektiv. Eine langsame und vorsichtige Übungsweise ist jedoch empfehlenswert. Der Sportlaie sollte diese Art des Übens mit fachlicher Anleitung erlernen.

Kräftigung

Die Entwicklung einer gut proportionierten Muskulatur des gesamten Körpers und die Verbesserung der Kraftfähigkeiten geschwächter Muskeln sind die Ziele kräftigender Übungen. Um athletische Muskelprofile zu erreichen, muß ein sehr umfangreiches und intensives Krafttraining durchgeführt werden. Wir wollen das vor allem der Jugend überlassen, die in entsprechenden Sportgemeinschaften mit dieser Absicht trainieren kann. Mit den Kräftigungsübungen dieser Anleitung soll erreicht werden, daß die Muskeln, die

im Alltag wenig beansprucht werden und sich dadurch abschwächen, kräftig bleiben bzw. wieder gekräftigt werden. Diese allgemeine Kräftigung soll Beschwerden im Bewegungs- und Stützapparat entgegenwirken, die Bewältigung soll Beschwerden im Bewegungs- und Stützapparat entgegenwirken, die Bewältigung anstrengender Alltagsaufgaben erleichtern und den ganzen Körper straffen. Die Übungen wurden so ausgewählt, daß die Gefahr einer Preßatmung oder Überbeanspruchung der Gelenke nicht besteht.
Zur Kraftentwicklung muß die Übungsintensität eine gewisse Reizschwelle überschreiten, d. h. es muß mit einem hohen, aber nicht mit einem maximalen Anstrengungsgrad geübt werden.
Es wird zwischen dynamischen und statischen Kraftübungen unterschieden. Bei dynamischen Kraftübungen wird ein äußerer Widerstand (das eigene Körpergewicht, eine Hantel u. a. m.) überwunden und damit bewegt. Der arbeitende Muskel wird fließend im Wechsel angespannt und entspannt. Übungen, die Muskeldauerspannungen über mehrere Sekunden erfordern, z. B. beim Halten einer Last (Körpergewicht, Hantel) oder beim Drücken gegen einen nicht nachgebenden Widerstand (Wand), werden als statische Kraftübungen bezeichnet. Der Krafteinsatz sollte so dosiert werden, daß bei der dynamischen Kraftarbeit 8 bis 12 Übungswiederholungen möglich sind und bei der statischen Kraftarbeit die Anspannungsstärke der belasteten Muskulatur etwa 50% der maximal möglichen Anspannung erreicht.
Auf den relativ großen Anstrengungsgrad müssen die Muskeln mit Entspannungs-, Mobilisations- und Dehnübungen vorbereitet werden. Wird das vernachlässigt, ist die Verletzungsgefahr groß! Nach der Kraftarbeit sind Lockerungsübungen durchzuführen, um Spannungen in den Muskeln abzubauen.

Ausdauerförderung

Ausdauer ist die Fähigkeit, sich über einen längeren Zeitraum mit mittlerer Anstrengung belasten zu können, ohne stark zu ermüden. Das setzt voraus, daß Herz-Kreislauf-System, Atmung und Stoffwechsel sehr leistungsfähig sind. In den Ausführungen zum richtigen Atmen haben wir bereits Sportarten genannt, die die Ausdauer wirkungsvoller als die Gymnastik entwickeln. Durch bewegungsintensive Übungen, die im Buch vorgestellt werden, und durch die Erhöhung der Wiederholungen bei den kraftentwickelnden Übungen kann in einem gewissen Maß die Kraftausdauer gesteigert werden.
Wird Gymnastik in einer Sportgruppe betrieben, können zur Entwicklung der Ausdauerfähigkeit Laufspiele wie z. B. Staffelläufe, Haschespiele oder Platzsuchspiele einbezogen werden. Durch die intensive Belastung bei diesen Spielformen werden Herz-Kreislauf-System, Atmung und Stoffwechsel

stark beansprucht und damit wirkungsvoll verbessert. Liegen bereits Herz-Kreislauf-Beschwerden vor, sind Laufspiele nicht ratsam. Sie sind, wenn es die Situation erfordert, nur im Gehen auszuführen.

Ausdauerentwickelnde Übungen können im einleitenden Teil der Übungsstunde zur Erwärmung einbezogen werden. Sie dürfen dann aber keinesfalls zu stark ermüden. Ausdauerübungen im größeren Umfang sollten nie vor Dehn-, Kräftigungs- und Technikübungen durchgeführt werden, da sie die für diese Übungen erforderliche Konzentrationsleistungen herabsetzen.

Das Üben muß vorbereitet werden

Regelmäßig Sport treiben

Sport verbessert die körperliche Leistungsfähigkeit nur dann, wenn über einen längeren Zeitraum sportlich geübt wird und die Belastungen während des Übens eine körperliche Anstrengung erfordern. Durch die Anstrengung wird der Organismus angeregt, Anpassungsvorgänge zu vollziehen, die die körperliche Leistungsfähigkeit erhöhen. Der Sporttreibende ist folglich, nachdem er sich von der sportlichen Belastung erholt hat, etwas leistungsfähiger als vorher. Der geringe Leistungszuwachs geht jedoch, wenn keine weiteren sportlichen Belastungen erfolgen, nach etwa sechs bis acht Tagen wieder verloren. Wirkungsvoll ist das sportliche Üben deshalb nur dann, wenn die nächste sportliche Belastung noch in der Phase der gesteigerten Leistungsfähigkeit, also innerhalb einer Woche, erfolgt. Wird über mehrere Monate einmal in der Woche in einem zeitlichen Umfang von 30 bis 45 Minuten Gymnastik betrieben, verbessert sich die Leistungsfähigkeit merklich. Bei mehrmaliger sportlicher Tätigkeit je Woche ist der Leistungszuwachs natürlich größer.
Ist ein bestimmtes Leistungsniveau erreicht und bleiben die wöchentlichen Übungsbelastungen unverändert, stagniert die Leistungsentwicklung. Das sportliche Üben ist dann leistungserhaltend. Der Erhalt der körperlichen Leistungsfähigkeit bis ins hohe Alter ist für die meisten Menschen im Erwachsenenalter auch das angestrebte Ziel der sportlichen Betätigung. Wir schlagen Ihnen vor, üben Sie möglichst täglich individuell 10 bis 20 Minuten und, falls Sie Gelegenheit haben, einmal pro Woche 30 bis 45 Minuten in einer Sportgruppe.

Übungsablauf

Die Gliederung der Übungsstunde in Vorbereitung, Hauptteil und Ausklang ist allgemein üblich und auch zweckmäßig.
Im *vorbereitenden Teil* ist der Organismus auf die bevorstehende Hauptbelastung vorzubereiten. Es ist sinnvoll, diesen Teil mit einer kurzen Entspannung zu beginnen. Die Entspannungsübungen haben das Ziel, die nervlichen Anspannungen des Alltags abklingen zu lassen und eine positive, bewußte Einstellung für den folgenden Übungsprozeß zu schaffen. Nach der

Entspannung werden durch lockernde und mobilisierende Übungen die Muskelelastizität und die Durchblutung der Muskulatur verbessert sowie die Organsysteme vorbelastet. Die Übungen werden mit geringem Anstrengungsgrad begonnen. Mit zunehmender „Erwärmung“ wird der Anstrengungsgrad erhöht. Den vorbereitenden Teil sollten Sie nach eigenem Empfinden so lange ausdehnen, bis Sie leicht schwitzen bzw. bis Sie sich erwärmt fühlen. So vorbereitet, vermindern Sie die Gefahr von Verletzungen, und Sie bewältigen weitere Belastungsanforderungen leichter.
Im *Hauptteil der Übungsstunde* sind die Belastungsreize am größten. Es werden Übungen zur langfristigen Verbesserung der Dehnfähigkeit der Muskulatur und zur Muskelkräftigung durchgeführt. Es können ausdauerfördernde Übungen folgen, die das Herz-Kreislauf-System stärken, die Atemtätigkeit anregen und die Stoffwechselprozesse steigern. Ausdauerfördernde Übungen sollten nach den Dehn- und Kräftigungsübungen durchgeführt werden, da sie bei älteren und sportlich wenig belastbaren Personen häufig zu starken Ermüdungen führen. Unter Ermüdung dürfen, um Verletzungen auszuschließen, keinesfalls anstrengende Dehnungs- und Kräftigungsübungen ausgeführt werden.
Nach der Hauptbelastung klingt der Übungsprozeß langsam aus. Durch lockernde, entspannende oder spielerische Übungen ohne größere Anstrengung wird der Erholungsprozeß bereits eingeleitet.

Üben in einer Sportgruppe oder selbständig

Die Entscheidung, sich einer Sportgruppe anzuschließen oder selbständig zu üben, ist nicht ganz leicht und muß deshalb überlegt sein. Wir wollen hier kurz die Vor- und Nachteile abwägen.
Das Üben und Trainieren in einer Sportgruppe ist, das sagen die gesammelten Erfahrungen, die effektivste Form des Sporttreibens zur Vervollkommnung und zum Erhalt der körperlich-sportlichen Leistungsfähigkeit. Das trifft sowohl für die wettkampforientierte als auch für die allgemeine sportliche Betätigung zu. Sportgruppen werden von ausgebildeten Übungsleitern fachlich angeleitet, der Übungs- und Trainingsbetrieb wird in der Regel kontinuierlich, ganzjährig durchgeführt, und neben der sportlichen Ausbildung wird ein gesellig-kulturelles Zusammenleben gepflegt. Für viele sind besonders die Kontaktmöglichkeiten, das Kennenlernen und Zusammensein mit Gleichgesinnten, ausschlaggebend, in einer Gruppe Sport zu treiben. Die sportliche Betätigung in einer Gruppe ist jedoch stets an bestimmte Übungszeiten gebunden und erfordert die Einordnung in ein Kollektiv. Einige Menschen sehen darin einen unerwünschten Zwang. Ist der als Nachteil emp-

fundene „Zwang“ aber nicht oft nur ein Vorwand, der benutzt wird, um nach der Tagesarbeit nicht noch den Weg zur Sporthalle gehen zu müssen? Sicher ist das nicht immer einfach. Meistens ist es aber die Bequemlichkeit, die erst überwunden werden muß.
„Die Sportgruppe erwartet mich und ist enttäuscht, wenn ich nicht komme“, ist für viele Menschen der ausschlaggebende Anstoß, sich zum Sporttreiben aufzuraffen, auch wenn es aus den verschiedensten Gründen schwerfällt. Hat man es geschafft und sich in der Sportgruppe freudvoll belastet, ist man meistens zufrieden und gut gestimmt.
Problematischer ist es dagegen, wenn die Leistungsfähigkeit der Sporttreibenden innerhalb einer Gruppe große Unterschiede aufweist. Leistungsschwächere fühlen sich dabei oft nicht wohl und sind gehemmt. Pädagogisches Geschick und ermunternde Worte des Übungsleiters können darüber hinweghelfen.
Bei der selbständigen sportlichen Betätigung können Übungszeit und -ort entsprechend den persönlichen Möglichkeiten gewählt werden. Auch erfolgt die Belastungsdosierung nach eigenem Ermessen. Das alles spricht auf den ersten Blick für das selbständige Sporttreiben. Neben den nicht vorhandenen fachlichen Anleitungen und gemeinsamen freudvollen Erlebnissen besteht keine moralische Pflicht, an einem bestimmten Tag Sport zu treiben. Es gehört schon eine Portion Willensstärke dazu, regelmäßig selbständig zu üben. Bei vielen finden sich immer Ausreden, die persönlichen Sportstunden zu verschieben. Schließlich fallen sie für immer aus.
Ableitend aus dem Dargelegten empfehlen wir, wie bereits gesagt, daß diejenigen, die die Möglichkeit haben, mindestens einmal pro Woche in einer Gruppe Sport treiben sollten. Darüber hinaus ist die tägliche Gymnastik, auch wenn es immer nur wenige Minuten sind, für die Gesunderhaltung und für das Wohlbefinden wichtig. Versuchen Sie, Ihre Familienangehörigen mit einzubeziehen. Gemeinsam geht alles leichter, und es macht mehr Freude.

Gymnastik im Sport und im Alltag

Unter Gymnastik verstehen wir nicht nur die Rhythmische Sportgymnastik, die als Wettkampfsportart neben anderen Sportarten einen eigenständigen, gleichberechtigten Platz einnimmt. Diese Sportart wird ausschließlich von Mädchen und Frauen betrieben und hat wie alle Sportarten spezielle Regeln. Die Anwendung des Begriffes „Gymnastik“ ist wesentlich umfangreicher. Jeder hat irgendwann schon einmal Gymnastik betrieben, ohne daß er sich zu den Sporttreibenden in der Rhythmischen Sportgymnastik zählt. Deshalb wollen wir unter gymnastischen Übungen vor allem einfache Kör-

perübungen und unkomplizierte Übungsverbindungen verstehen, die von jedem ausführbar sind. So verstanden hat die Gymnastik in Sport und Alltag einen breiten Anwendungsbereich, der hier kurz skizziert werden soll.
Im Übungs-, Trainings- und Wettkampfbetrieb der verschiedenen Sportarten werden gymnastische Übungen zur Erwärmung, zur Vorbereitung für die Ausübung spezieller und zum Teil komplizierter Bewegungsabläufe, zur Dehnung und Lockerung zwischen und nach hohen Belastungen einbezogen.
Zur Ausbildung koordinativer und konditioneller Fähigkeiten sowie zur Verbesserung der Beweglichkeit werden gymnastische Übungen in „Allgemeinen Sportgruppen", „Gesundheitssportgruppen", „Sportgruppen für Ältere" und in anderen Organisationsformen des Massensports durchgeführt.
Als besonders konditionsfördernd gilt die nach moderner Tanzmusik betriebene und als „Popgymnastik", „Aerobic" oder „Jazzgymnastik" bezeichnete Gymnastik. Diese Art der Gymnastik hat in den letzten Jahren eine gewisse Eigenständigkeit erreicht.
Auch wenn nur in wenigen Betrieben die Ausgleichs- oder Pausengymnastik regelmäßig durchgeführt wird, soll sie nicht unerwähnt bleiben. Diese Form der Gymnastik soll Monotonie und einseitige Belastungen im Arbeitsprozeß etwas ausgleichen.
Nicht wegzudenken sind gymnastische Übungen, die im Rahmen der individuellen sportlichen Betätigung zu Hause, an Urlaubsorten, in Naherholungsgebieten usw. zur Gesunderhaltung ausgeübt werden.
Ein eigenständiger Bereich mit einem spezifischen gymnastischen Übungsgut ist die Bewegungstheorie im Gesundheitswesen.

Hinweise für Übungsleiter

Der Übungsleiter trägt wesentlich dazu bei, daß durch die regelmäßige sportliche Betätigung leistungsfördernde und gesundheitsstabilisierende Wirkungen erzielt werden und daß die Sportstunden freudvoll und gesellig verlaufen. Seine fachlichen Fähigkeiten und Fertigkeiten, seine Einsatzbereitschaft und sein Einfühlungsvermögen haben einen nachhaltigen Einfluß auf die Trainingsbereitschaft und auf die Stimmung der Sporttreibenden.
Die Übungen der vorliegenden Anleitung wurden so aufbereitet, daß sie für selbständig Sporttreibende und für Leiter von Sportgruppen gleichermaßen nutzbar sind. Sie stellen an den Übungsleiter keine Anforderungen, die von der normalen Übungsleitertätigkeit stark abweichen. Es werden darum nur einige ausgewählte grundsätzliche Forderungen, die der Übungsleiter speziell bei der Durchführung von Entspannungs-, Dehnungs-, Kräftigungs- und Atemübungen zu erfüllen hat, genannt.

1. Lautstärke und Klangfarbe der Sprache müssen den Übungsanforderungen angepaßt sein. Die Sprache unterstützt die Übungsausführung, indem sie auffordernd, anregend, untermalend, beruhigend und helfend wirkt. Sprache und Gestik müssen übereinstimmen.
2. Der Standort ist stets so zu wählen, daß der Überblick über die gesamte Gruppe gewährleistet ist und daß, wenn es erforderlich ist, eine gezielte Einflußnahme, z. B. Hilfestellung oder Unterstützung, sofort möglich ist.
3. Damit die Übungsansagen nicht zu Mißverständnissen führen, sollte der Übungsleiter eine neue Übung erst dann ansagen, wenn die Aufmerksamkeit der Gruppe hergestellt wurde. Die Übungsinformationen sind so zu geben, daß sie akustisch und inhaltlich verstanden werden.
4. Werden neue oder komplizierte Übungen gefordert oder sind in der Gruppe zahlreiche Neulinge, müssen die Übungen demonstriert werden. Es ist am zweckmäßigsten, wenn der Übungsleiter nach der Übungserläuterung auch selbst die Übung demonstrieren kann.

Die Aufgaben des Übungsleiters begrenzen sich nicht nur auf das sportpraktische Anleiten und auf die sportlich-erzieherische Einflußnahme während des Sporttreibens. Auch darüber hinaus sollte der Übungsleiter ein Gesprächspartner und Berater „seiner Sportler“ sein. Er sollte auch nicht unterschätzen, daß er in seinem Verhalten außerhalb des sportlichen Übens und Trainierens für seine Sportgruppe ein Vorbild ist.

Übungen zur Auswahl

Im folgenden sind die Übungen nach ihren vorrangigen Wirkungen zusammengestellt. Wählen Sie die für Sie zweckmäßigsten, d. h. Ihrer körperlichen Situation dienlichen, aus, und stellen Sie sich damit ein Übungsprogramm zusammen, das Sie eine Zeitlang möglichst täglich üben. Nach einiger Zeit, besonders bei verbesserter Leistungsfähigkeit, wählen Sie Übungen größerer Schwierigkeit aus, die Sie dann wieder eine Zeitlang beibehalten. Dieses flexible Üben wird Ihnen Freude bereiten, da Sie hiermit Ihr Wohlbefinden und Ihre Leistungsfähigkeit erheblich verbessern können.
Üben Sie in einem Raum bei mindestens 18°C, möglichst leicht bekleidet, bei stärkerem Wärmebedürfnis im Trainingsanzug.

Entspannungsübungen

Entspannungsübungen sollten nicht nur ein unbedingter Bestandteil Ihres Übungsprogramms sein, sondern sie sind auch als „Regenerationsquelle" nach Aufregungen und Anstrengungen geeignet und zu jeder Tageszeit durchführbar. Eine besonders beruhigende Wirkung hat die Ganzentspannung, denn hier tritt mit der Beruhigung der motorischen Nervenzentren, die die Muskulatur innervieren, auch eine Beruhigung der benachbarten vegetativen Nervenzentren ein, die unsere vegetativen Funktionen, wie Herztätigkeit, Kreislauf, Atmung, Verdauung und Drüsenfunktionen, steuern. Daher beruhigen und ordnen sich vegetative Funktionen mit der Entspannung der äußeren Muskulatur.

Passive Entspannungsübungen

1.

Ganzentspannung in Rückenlage

Ausführung: Auf einer Decke oder Matte auf dem Fußboden die Rückenlage einnehmen, die Beine nacheinander etwa 10 cm vom Boden anheben, dann „schwer“ sinken lassen. Danach die Arme, das Becken, den Brustkorb und den Kopf nacheinander anheben und sinken lassen. Die einzelnen Körperteile locker lassen, auch die Stirn, die Wangen und die Zunge entspannen. Die Augen schließen und im ganzen Körper Schwere und Ruhe empfinden. Dann eine Hand auf die Bauchdecke legen und tasten, wie die Bauchdecke sich von selbst, ohne jedes Dazutun, beim Einatmen hebt, beim Ausatmen senkt und eine kleine Atempause folgt. Sich diesem Rhythmus völlig entspannt einige Minuten überlassen. Danach muß der Körper gründlich durchgestreckt werden, um die normale Körperspannung wiederherzustellen.

Wirkung: Entspannt den ganzen Körper

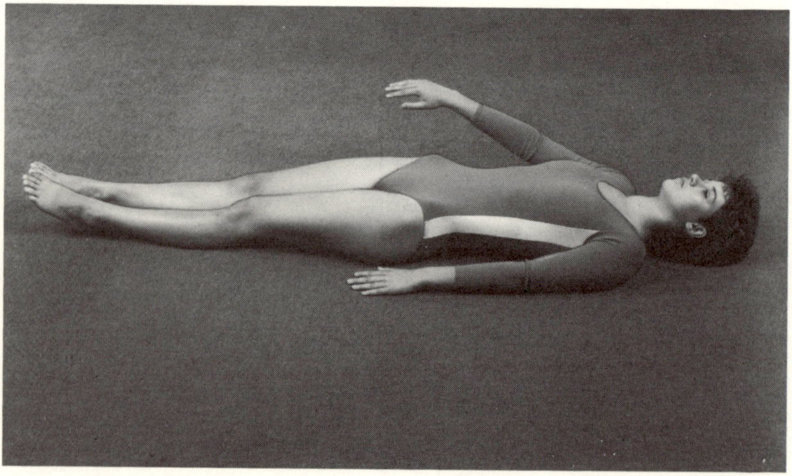

2.
Entspannen in Bauchlage

Ausführung: Die Arme sind in entspannter Bauchlage einwärts und die Beine auswärts gedreht; so einige Minuten bleiben

Wirkung: Wirkt besonders ausgleichend und entspannend auf die Wirbelsäule

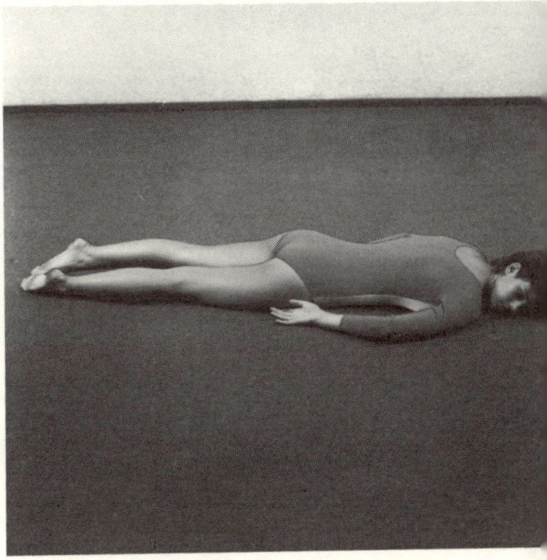

3.
Entspannen in Seitenlage

Ausführung: In stabiler Seitenlage ruht das obere Bein vor dem unteren, die Arme liegen entspannt neben dem Kopf; so einige Minuten bleiben.

Wirkung: Unterstützt besonders die Ausatmung und wirkt beruhigend auf den Atemablauf

Dehnlagerungen

Dehnlagerungen bewirken außer der Körperentspannung eine Dehnung der Rumpfmuskulatur ohne jede Anstrengung. Sie lösen Verspannungen in der Schulter-, Arm-, Brust- und Hüftmuskulatur und erleichtern damit die Bewegungsabläufe in den Gelenken. Auf reflektorischem Wege, also ohne eine bewußte Einwirkung, wird außerdem eine Atemvertiefung erreicht, die auf jeden Fall anzustreben ist, weil der heutige Mensch, besonders der Großstädter, viel zu oberflächlich atmet, wodurch dem Organismus nicht genügend Sauerstoff zugeführt wird.

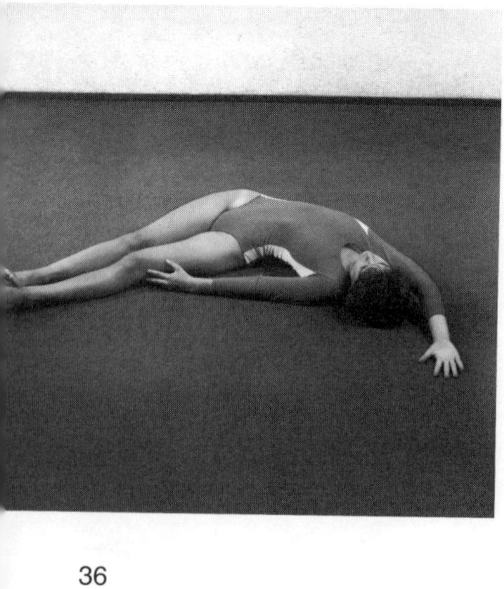

4.
Erste Dehnlagerung

Ausführung: In entspannter Rückenlage einen Arm möglichst dicht neben den Kopf legen und den Atemrhythmus kontrollieren. Danach den Oberkörper zur entgegengesetzten Seite hinüberlegen. Der gehobene Arm folgt dem Kopf in die Seitneigung hinein. Dann beide Beine zu derselben Seite nachziehen und etwa zwei Minuten so verharren. Zur Mittellage zurückkehren, und dann die Übung nach der anderen Seite ausführen. Danach den Körper durchrecken und durchstrecken.

5.
Zweite Dehnlagerung

Ausführung: In entspannter Rückenlage beide Arme seitlich auflegen, beide Knie an den Körper heranziehen und geschlossen zu einer Seite herabsinken lassen; etwa zwei Minuten verharren. Nach der anderen Seite entsprechend üben, mit einem Recken des ganzen Körpers abschließen.

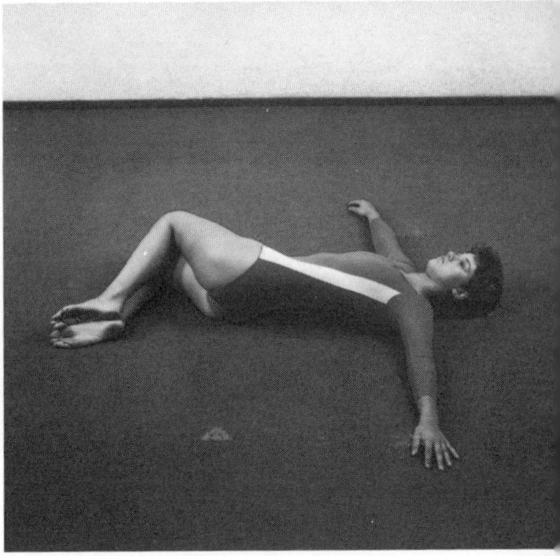

6.
Dritte Dehnlagerung

Ausführung: In Rückenlage einen Unterschenkel anziehen, den anderen Fuß mit beiden Händen auf die gegenüberliegende Leiste legen, die Arme hinter dem Kopf auflegen und die Ellenbogen mit den Händen umfassen. Zwei Minuten so verharren, die Seiten wechseln und mit dem Durchrecken beenden.

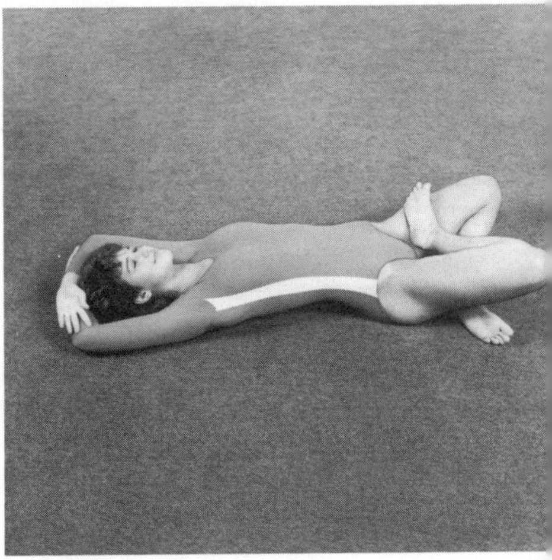

7.
Seitdrehlage

Ausführung: In entspannter (stabiler) Seitenlage den oberen Arm, dem Bein entgegengesetzt, gestreckt zum Boden heruntersinken lassen; zwei Minuten verharren, wechseln, danach den Körper durchstrecken.

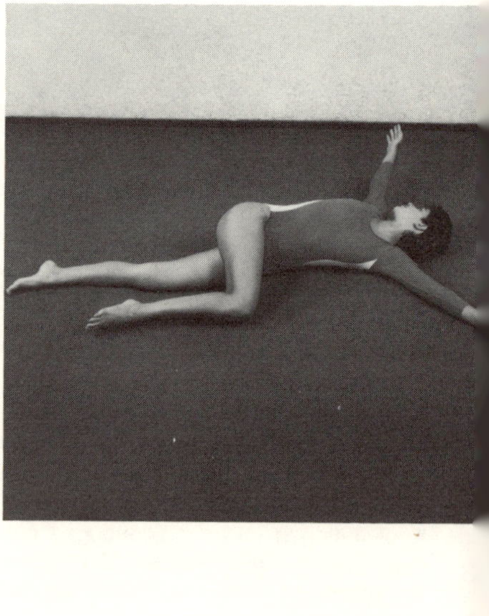

8.
Liegen auf einem Stab

Ausführung: Der Gymnastikstab liegt auf einer Decke, die auf dem Boden ausgebreitet wurde. Nun den Rücken so auf den Stab legen, daß die Brust- und möglichst auch die Lendenwirbel mit den Dornfortsätzen aufliegen. Der Hinterkopf liegt auf dem Boden. Bei ruhiger Atmung fünf Minuten liegen bleiben, auch wenn auf dem Steißbein ein Druckgefühl vorhanden ist. Danach in Rückenlage entspannen.

Wirkung: Entspannt die Kreuz- und Lendenmuskulatur; das Kreuz liegt in Rükkenlage mehr auf, damit ausgleichend bei vorhandenem Hohlkreuz

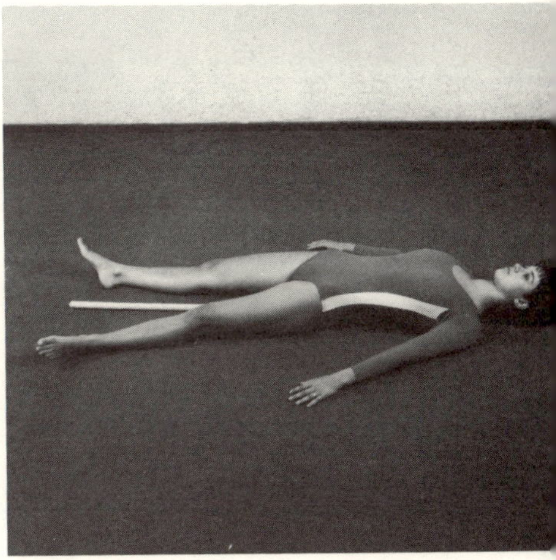

9.
Erhöhte Unterschenkellagerung

Ausführung: In Rückenlage werden die Unterschenkel auf einen Hocker oder einen umgelegten Stuhl gelegt. In dieser Lagerung 15 bis 30 Minuten verharren.
Hinweis: Wegen der langen Dauer in Sportgruppen nur selten möglich, aber für das individuelle Üben besonders geeignet

Wirkung: Entspannt den Kreuz- und Lendenbereich, dehnt schonend die Rückenstreckmuskeln, bei Bandscheibenschaden oft schmerzlindernd bzw. schmerzbefreiend

Aktive Entspannungsübungen

Die Wirbelsäule nimmt für den Halte-, Stütz- und Bewegungsapparat eine zentrale Stellung ein. Bei fast allen körperlichen Tätigkeiten wird die Wirbelsäule mehr oder weniger stark beansprucht. Die aktive Entspannung sollte deshalb mit Übungen zur Entspannung der Gesamtmuskulatur des Rückens beginnen. Nach jeder Übung erfolgt ein vertiefter Atemzug, dieser muß erst abgewartet und dann die nächste Übung angeschlossen werden. Alle Übungen werden nach beiden Seiten ausgeführt.

a)

10.

Abrollen der Wirbelsäule im Stand

Ausführung: Leichte Seitgrätschstellung, Kopf auf das Brustbein heruntersinken lassen und etwas verharren. Dann den Kopf mit der Ausatmung langsam tiefer sinken lassen, so daß die Wirbel nach vorn abrollen. Die Arme hängen herunter, und die Knie bleiben gestreckt. Vom Becken aus aufrichten, dabei strömt die Luft ein. Streckung bis zum Hinterkopf hinaus, dann vom Kopf aus wieder heruntersinken, so daß die Bewegung wie eine Welle vom Becken beginnend durch die Wirbelsäule zum Kopf hin läuft.

Wirkung: Entspannt und dehnt die Muskulatur im Hals-, Brust-, Kreuz- und Hüftbereich

11.
Abrollen der Wirbelsäule im Stand zur Seite und zur Seite

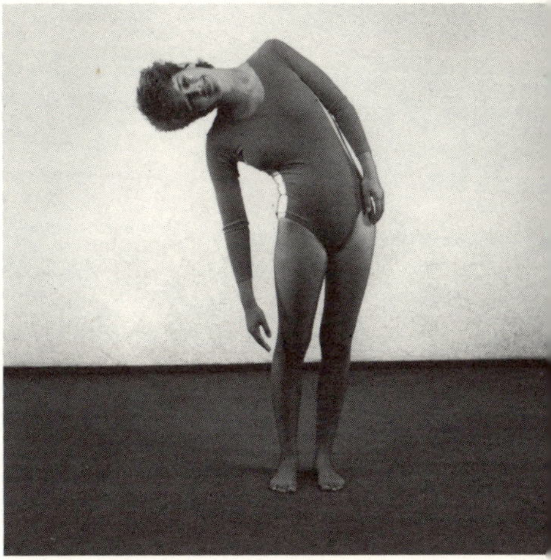

Ausführung: In Grundstellung vom Kopf aus die Wirbel nach vorn abrollen, vom Becken aus aufrichten. Anschließend den Kopf zur Seite sinken lassen, etwas verharren, dann die Wirbel seitlich abrollen, wobei die Arme entspannt, die Knie gestreckt bleiben. Vom Becken aus aufrichten.

Wirkung: Entspannt und dehnt die Muskulatur im Hals-, Brust-, Kreuz- und Hüftbereich

---

12.
Durchstrecken des Rückens

Ausführung: Die Handgelenke auf eine Stange, eine Sprosse (Sprossenwand) oder eine Stuhllehne in entsprechender Höhe legen. Zurückgehen, bis der Oberkörper und die Arme eine Waagerechte bilden. Bei gestreckten Beinen mit dem Rücken einige Male auf- und abfedern, dann Oberkörper und Arme nach vorn fallen und auspendeln lassen. Drei- bis fünfmal wiederholen.

Wirkung: Entspannt und dehnt die Schulter-, Rücken- und hintere Beinmuskulatur

13.
Auspendeln des Oberkörpers in Seitgrätschstellung

Ausführung: In leichter Seitgrätschstellung den Oberkörper nach vorn fallen und die Arme „schwer" auspendeln lassen. Langsam vom Becken aus aufrichten.

Wirkung: Entspannt die Schultergürtel- und Rückenmuskeln, regt die Durchblutung im Brustkorb, in den Armen und im Kopf an

---

14.
Heranziehen der Knie in Rükkenlage

Ausführung: In entspannter Rückenlage beide Knie anbeugen und jedes Knie mit einer Hand umfassen. Dann die Knie leicht an die Brust heranfedern.

Wirkung: Entspannt und dehnt die Lendenmuskeln

15.
Heben und Senken des Rükkens in Kriechhaltung

Ausführung: Aus der Bankstellung zur Kriechhaltung vorziehen, die Oberschenkel senkrecht, die Arme weit vorgestreckt und die Brust tief zum Boden gesenkt. In dieser Haltung nacheinander die Lenden-, Brust- und Halswirbel anheben, zuletzt den Kopf. Mit dem Ausatmen wieder tief heruntersenken und mit nachfolgender Einatmung die Wirbel wieder anheben; acht- bis zehnmal wiederholen.

Wirkung: Entspannt und mobilisiert den gesamten Rücken

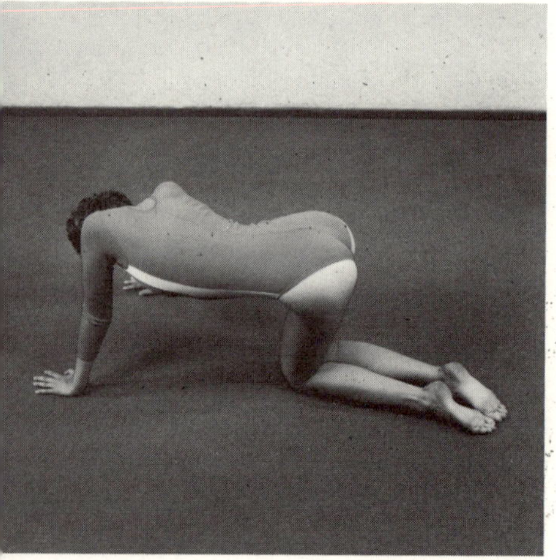

16.
„Schwänzchenwedeln“ in Bankstellung

Ausführung: In der Bankstellung das Becken locker hin- und herbewegen

Wirkung: Entspannt und mobilisiert die Lendenmuskeln und wirkt ausgleichend bei Hohlkreuzneigung

---

17.
Kreuzheben und -senken in Bankstellung

Ausführung In der Bankstellung das Kreuz mit der Einatmung zum „Katzenbuckel“ anheben und mit dem Ausatmen senken. Die Arme bleiben dabei gestreckt.

Wirkung: Entspannt die Kreuz- und Lendenmuskeln und wirkt ausgleichend beim Hohlkreuz

18.
Entspannende Hüftkreise in Seitenlage

Ausführung: In Seitenlage den unteren Arm unter den Kopf legen, beide Knie leicht anbeugen und mit der oberen Hüfte lockere Kreise beschreiben, so daß sie sich wie ein aufgezogener Kreisel bewegt. In beide Richtungen üben.

Wirkung: Entspannt die Hüft- und Lendenmuskeln

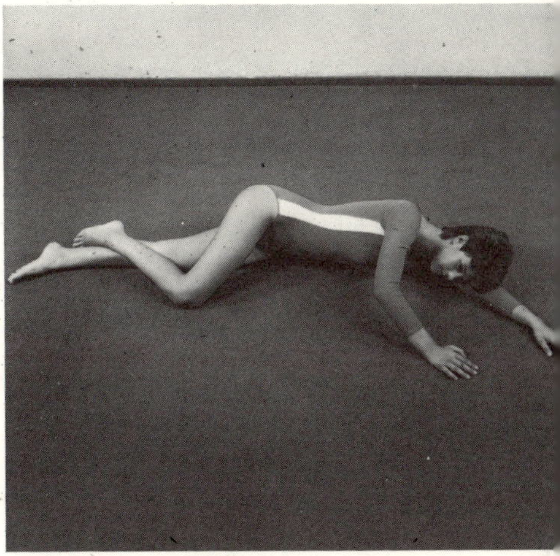

19.
Strecken in Bauchlage

Ausführung: In Bauchlage die Arme neben den Kopf legen und abwechselnd aus dem Körper herausdehnen und -strecken.

Wirkung: Entspannt und dehnt die Muskulatur des Brustkorbs

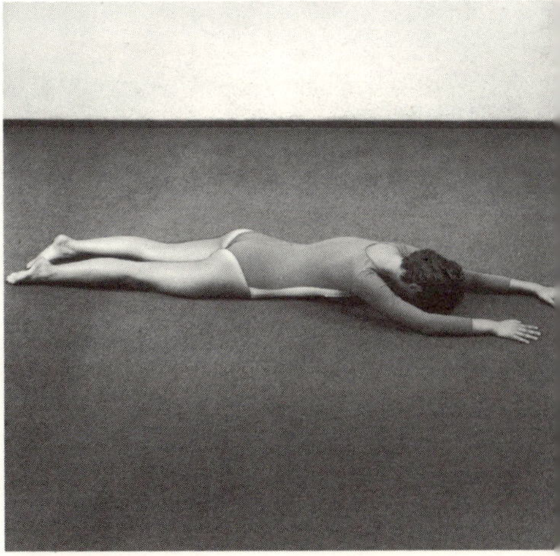

20.
Dehnlagern in Päckchenstellung

Ausführung: Aus der Bauchlage das Becken auf die Füße zurückführen, Fußsohlen nach oben, und die Stirn auf die vor den Knien ruhenden Unterarme legen. Etwa eine halbe Minute so ruhen; dann das Gesäß abwechselnd rechts und links neben die Unterschenkel gleiten lassen. Danach das Gesäß bei gleicher Körperhaltung zwischen die gespreizten Füße senken.

Wirkung:
Entspannt und dehnt die Hüft- und Lendenmuskeln

Hinweis: Die letzte Übungsform nicht bei Meniskusschaden anwenden

21.
Auflockernde Brustkorbbewegungen in Bankstellung

Ausführung: In Bankstellung den Rükken, besonders den Brustteil, wellenartig und schlängelnd nach allen Richtungen hinlocker durchbewegen.

Wirkung: Entspannt die Muskulatur des Brustkorbs, eine wichtige Übung bei zu starrem Brustkorb mit eingeschränkter Atembewegung

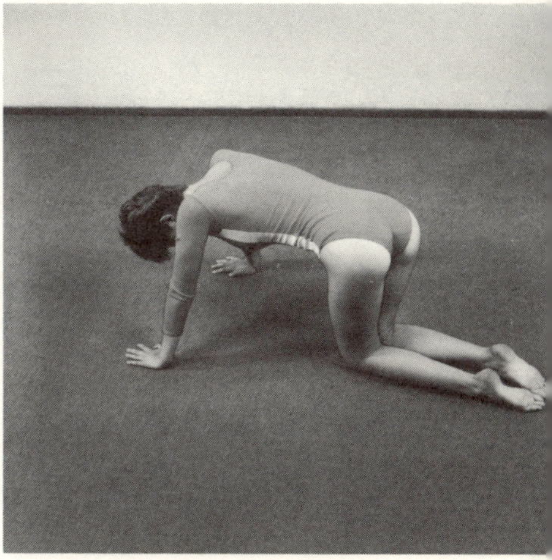

22.
Leistendehnende Haltung in Rückenlage

Ausführung: Einen Fuß auf die gegenüberliegende Leiste legen und das andere Bein angebeugt davor. Eine bis zwei Minuten so verharren und dabei gut durchatmen. Dann die Beinhaltung wechseln.

Wirkung: Entspannt und dehnt die Hüftmuskeln

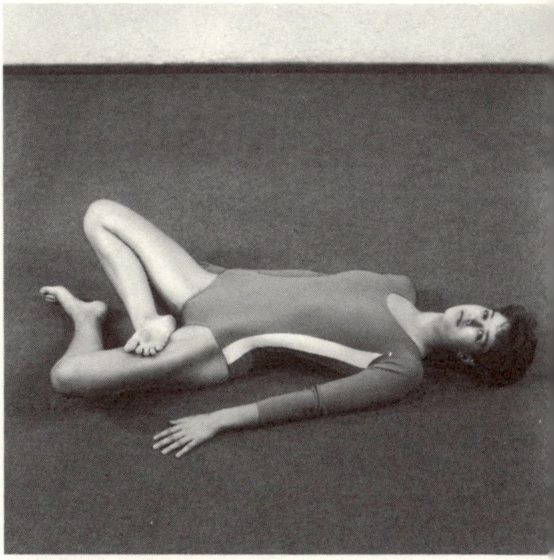

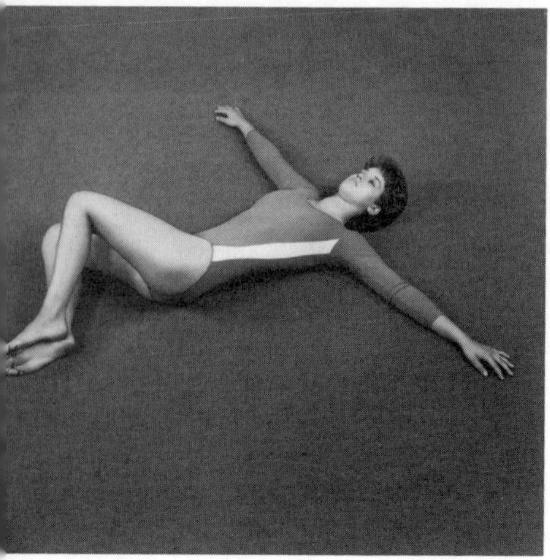

23.
Senken und Heben der angestellten Beine in Rückenlage

Ausführung: Rückenlage, die Beine sind angestellt und die Arme in Seithalte; beide Knie geschlossen abwechselnd nach links und rechts senken und heben. Die Schultern bleiben dabei am Boden.

Wirkung: Entspannt und dehnt die Muskeln im Hüft-, Bauch- und Lendenbereich

---

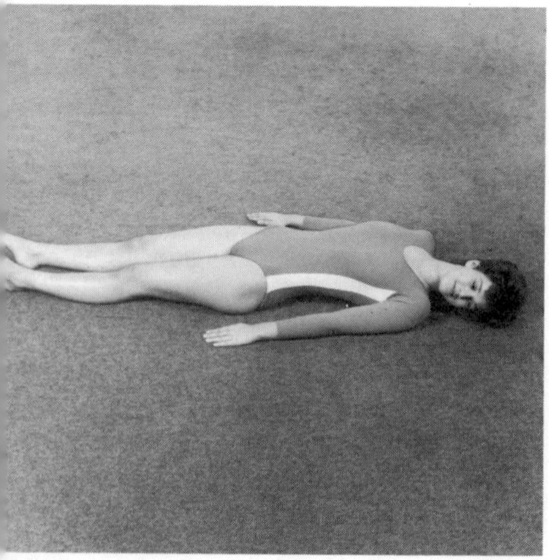

24.
Entspannende Hals- und Kopfübungen in Rückenlage

Ausführung: In Rückenlage den Kopf, ohne ihn vom Boden abzuheben, von einer Seite zur anderen locker hinüberrollen (Nein-Bewegung).

Wirkung: Entspannt die Hals-, Nacken- und Kopfmuskulatur (gegen Kopfschmerzen)

25.
Entspannende Hals- und Kopfübungen in Seitenlage

Ausführung: In Seitenlage den Kopf leicht auf- und abbewegen, ohne ihn vom Boden abzuheben (Ja-Bewegung).

Wirkung: Entspannt die Hals-, Nacken- und Kopfmuskulatur (gegen Kopfschmerzen)

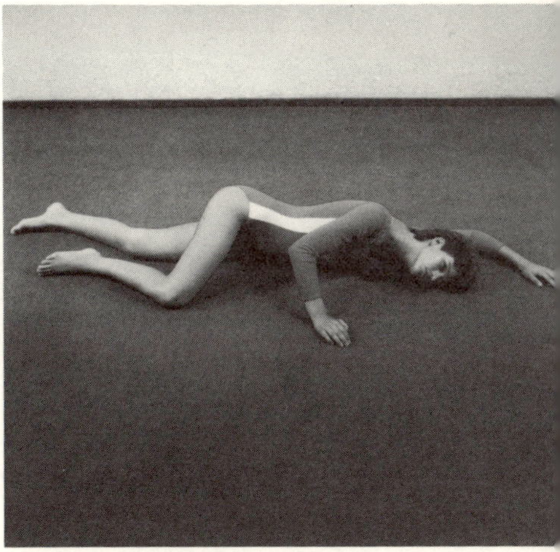

26.

Heben und Senken der Wirbelsäule in Bankstellung

Ausführung: In Bankstellung einen „Katzenbuckel" machen, Hals und Kopf anheben, dann entspannt nach vorn sinken lassen und den Rücken wieder zum ‚Katzenbuckel' anheben, so daß die Bewegungen wellenartig ablaufen.

Wirkung: Entspannt Hals- und Rückenmuskulatur, verbessert die Kopfdurchblutung

27.
Drehende Kopfbewegung bei geneigtem Kopf

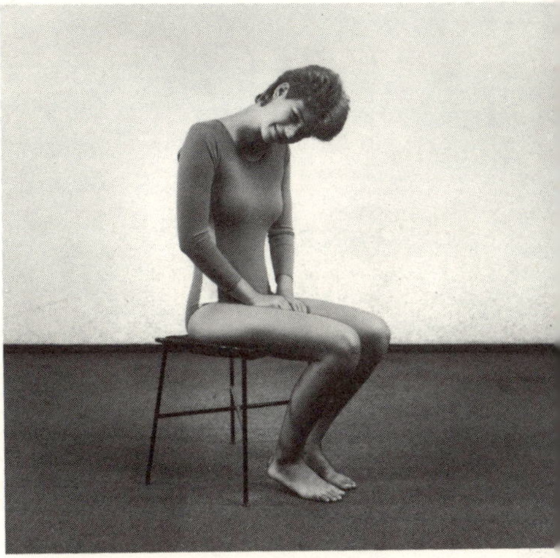

Ausführung: Im Sitzen den Kopf nach vorn neigen, ihn acht- bis zehnmal locker hin- und herdrehen und mit langsamer Nackenstreckung wieder aufrichten.

Wirkung: Entspannt die Hals- und Nakkenmuskeln, wirkt mobilisierend auf die Kopfgelenke

---

28.
Vor- und Seitsenken des Kopfes

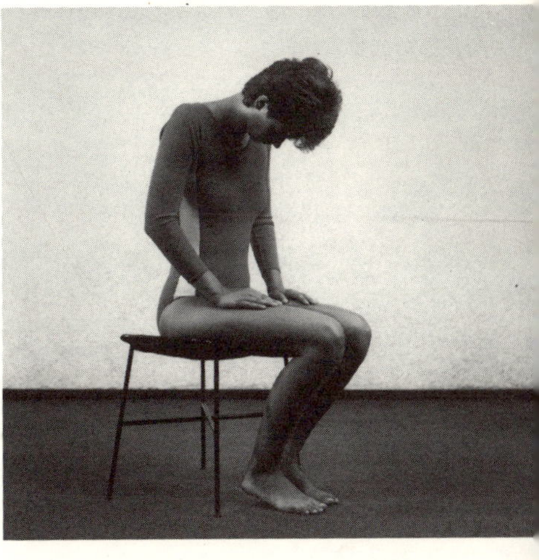

Ausführung: Im aufrechten Sitz den Kopf auf das Brustbein sinken lassen, etwa eine halbe Minute so verbleiben, langsam wieder aufrichten und dann den Kopf zur Seite senken, das Ohr zur Schulter hin. Das Gesicht ist nach vorn gerichtet. Die Schulterhaltung bleibt unverändert. Eine halbe Minute verharren.

Wirkung: Entspannt und dehnt die Halsmuskeln, atemvertiefend

29.
Große Kopfkreise

Ausführung: Im Sitzen den Kopf nach vorn sinken lassen und ihn dann auf dem Schultergürtel weit herumkreisen, einmal rechts-, dann linksherum. Beim Rückführen den Mund öffnen. Den Hals aufrichten und durchstrecken, so daß der Kopf in der richtigen Haltung mit leicht angezogenem Kinn verbleibt.

Wirkung: Entspannt die Hals-, Nacken- und Kopfmuskeln

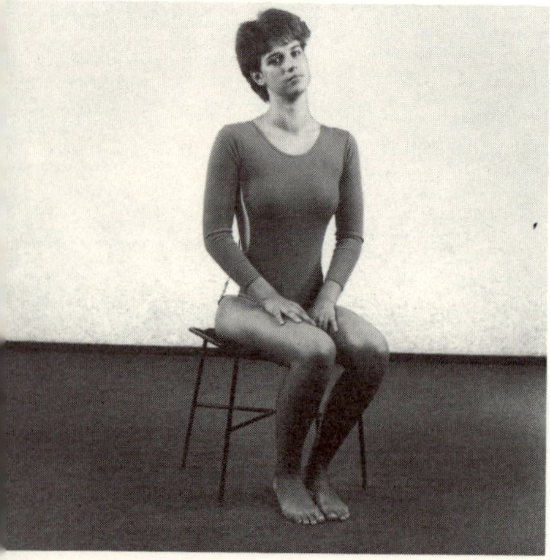

30.
Kleine Kopfkreise

Ausführung: Im Sitzen mit gestrecktem Hals nur den Kopf in beiden Richtungen herumkreisen mit der Vorstellung, ihn höher und höher aus dem gestreckten Hals „herauszuschrauben". Danach die normale Kopfhaltung einnehmen.

Wirkung: Entspannt und dehnt die Hals- und Nackenmuskeln
Hinweis: Die Bewegung läuft nur in den oberen Kopfgelenken ab. Das ist wichtig, weil Versteifungen im Atlasgelenk Durchblutungsstörungen im Kopf mit Schwindelerscheinungen verursachen können.

31.
Schulterkreisen in Seitenlage

Ausführung: In Seitenlage bei leicht angebeugten Knien die obere Schulter in beiden Richtungen locker herumkreisen.

Wirkung: Entspannt und dehnt besonders die Ansätze der Nackenmuskeln am Kopf und an den Schultern

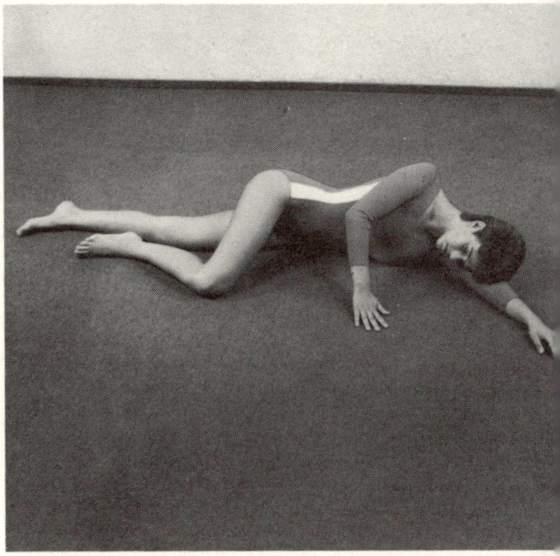

32.
Heben und Senken der Arme im Stand

Ausführung: Im Stand oder im Sitzen die Arme aufwärts heben, herabfallen und locker auspendeln lassen.

Wirkung: Entspannt und lockert die Armmuskeln, Streckung in den Schultergelenken

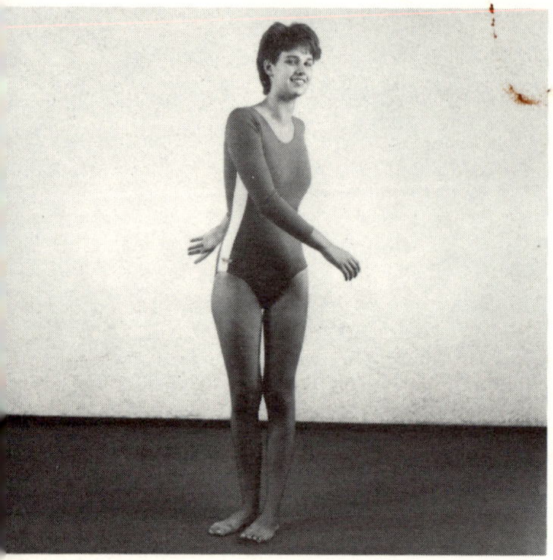

33.
Armschwingen durch Körperdrehungen

Ausführung: In leichter Grätschstellung den Oberkörper abwechselnd nach beiden Seiten locker vor- und zurückdrehen, so daß die Arme lose um den Körper herumschwingen und dann auspendeln.

Wirkung: Entspannt und lockert die Schulter- und Armmuskeln

2

3

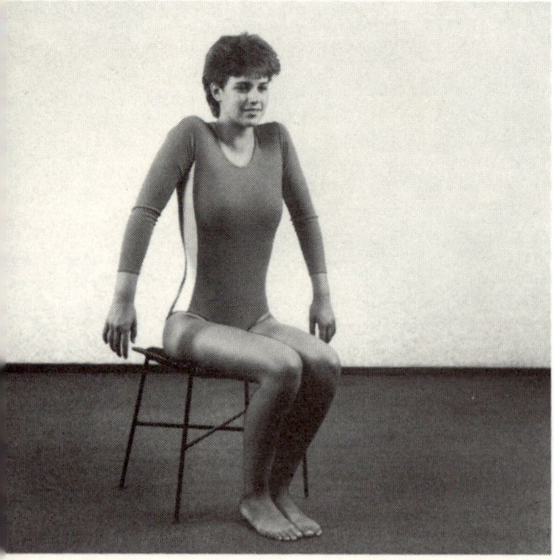

34.
Schulterkreisen im Sitzen oder Stehen

Ausführung: Im Schneidersitz, im Sitz auf einem Hocker oder im Stehen die Schultern hochziehen, dann locker fallen lassen, anschließend von vorn nach oben und hinten kreisen.

Wirkung: Entspannt die Schultermuskeln, verbessert die Schulterhaltung (Schulterblätter müssen am Schluß des Kreisens gut den Rippen im Rücken anliegen)

35.
Auspendeln der Unterarme

Ausführung: In Grundstellung den Oberkörper leicht vorneigen, die Arme zur Seite, Kleinfingerseite nach oben, nun in den Ellenbogen einbeugen, die Oberarme bleiben waagerecht, die Unterarme fallen herunter und pendeln aus in mehrmaligem Wechsel mit der Armstreckung.

Wirkung: Entspannt und lockert die Unterarm- und Handmuskeln, kräftigt die Schultermuskeln

36.
Auspendeln des Unterschenkels im Sitzen

Ausführung: Im Sitz auf dem Hocker einen Oberschenkel in die gefalteten Hände nehmen. Den Oberschenkel anheben und in die gefalteten Hände zurückfallen lassen, wodurch der Unterschenkel hin- und herpendelt.

Wirkung: Entspannt die Unterschenkel- und Fußmuskeln, wirkt erholsam bei müden Beinen und bei erkrankten, schmerzhaften Kniegelenken; regt die Bildung der Gelenkschmiere an

---

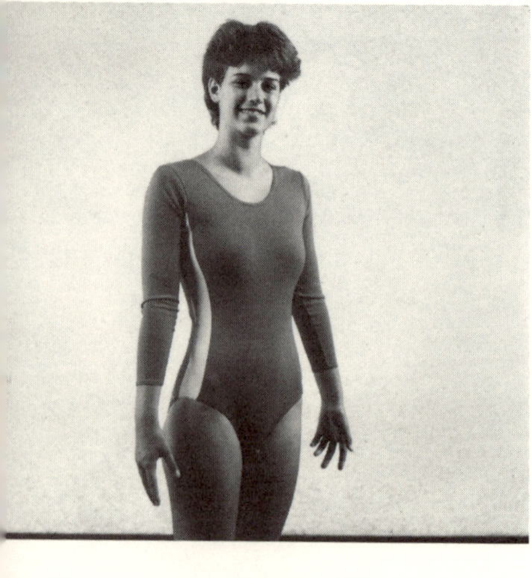

37.
Handschütteln

Ausführung: Bei herabhängenden Armen die Hände locker rotierend durchschütteln, bis sich ein Wärmegefühl in den Händen einstellt. Dann die Arme abwechselnd locker nach vorn schleudern.

Wirkung: Entspannt und lockert die Unterarm-, Hand- und Fingermuskeln und bewirkt durch eine bessere Durchblutung eine Erwärmung chronisch kalter Hände

38.
Beinpendeln im erhöhten Stand

Ausführung: Im Stand auf einer Fußbank oder einem Stuhl das Standbein möglichst direkt an der Kante aufsetzen (Standsicherheit beachten), das Spielbein herunterhängen lassen. Eventuell mit einer Hand an der Wand abstützen. Die Schwere des Beines dabei empfinden. Dann das Bein leicht vor- und zurückschwingen und auspendeln lassen.

Wirkung: Entspannt die Hüft- und Beinmuskeln, Streckung im Hüftgelenk, ausgleichend und korrigierend bei Fehlstellungen der Lendenwirbelsäule

---

39.
Schüttelnde und rotierende Fußbewegungen im Sitzen

Ausführung: Im Sitz auf einem Hocker oder im Schneidersitz ein Fußgelenk mit der gleichseitigen Hand umfassen und es locker hin- und herschütteln, bis die Wadenmuskeln entspannt sind und der Fuß warm ist; oder ein Knie anheben und den hängenden Unterschenkel locker hin- und herrotieren.

Wirkung: Entspannt und lockert die Unterschenkel- und Fußmuskeln, bewirkt die Erwärmung chronisch kalter Füße infolge der verbesserten Durchblutung

Mobilisierende Übungen

Durch mobilisierende Übungen sollten die Gelenke möglichst täglich, auch wenn es nur 10 bis 20 Minuten sind, bewegt werden. Die Bewegung ist entscheidend für die Bildung und Verteilung der Gelenkflüssigkeit, die das Gelenk schmiert und ernährt. Die Gelenke müssen auch immer wieder einmal in ihre Endstellung gebracht werden, damit die Elastizität der das Gelenk umgebenden Muskeln und Sehnen erhalten bleibt. Mobilisierende Übungen sind gleichzeitig anregend für Organfunktionen.

40.

Rotieren der Beine in Rückenlage

Ausführung: Die Beine abwechselnd aus den Hüften „herausdehnen". Dann die Beine einzeln und gleichzeitig ein paarmal kurz, so weit es geht, nach innen und außen rotieren.

Wirkung: Mobilisation der Hüftgelenke, Kräftigung der Ein- und Auswärtsroller (Rotatoren), entstauender Effekt in den Venen

41.
Große Beinkreise in Rückenlage

Ausführung: Ein Bein anbeugen und vom Knie aus in großen Kreisen nacheinander in beiden Richtungen herumführen. Dabei wird das Bein fast zum Boden heruntergestreckt und über die Seite zum Körper hin angebeugt.

Wirkung: Verbessert die Beweglichkeit in den Hüftgelenken, streckt die Kniesehnen

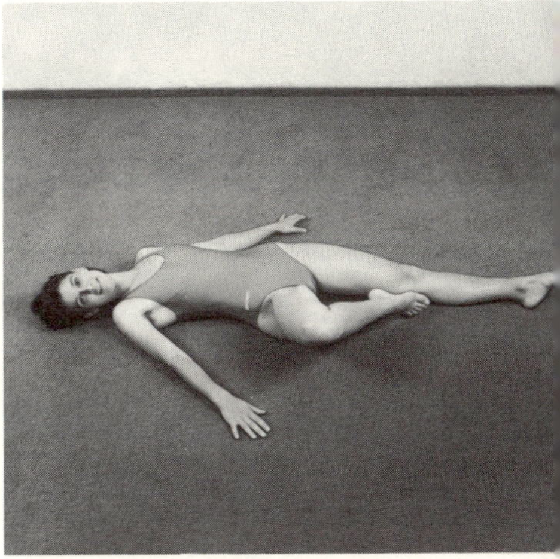

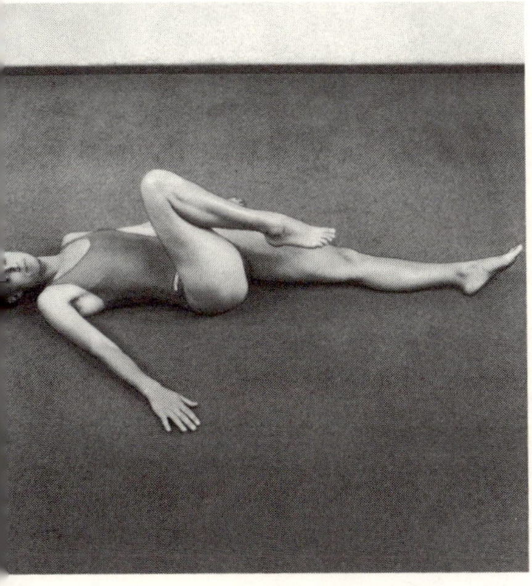

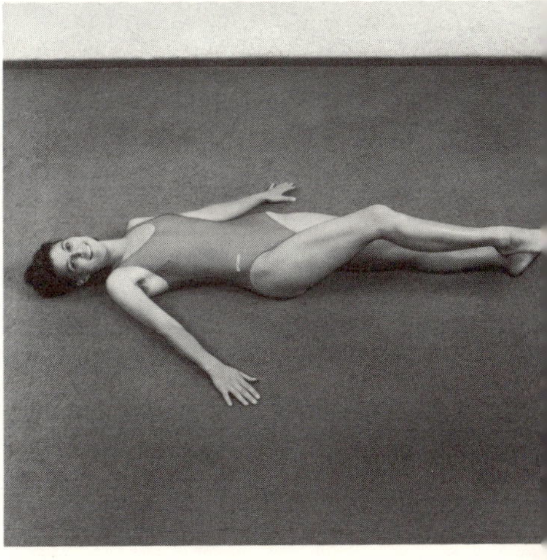

42.
Vorschwingen des Oberkörpers bei angezogenen Füßen

Ausführung: Im Sitzen mit angezogenen Füßen den Oberkörper aufrichten und die Arme hochstrecken. Dann während des Ausatmens zwischen den Beinen weit vorbeugen. Dabei möglichst mit der Stirn die aneinandergestellten Füße erreichen. Mit der Einatmung aufrichten, Arme und Rücken strecken. Fünf- bis achtmal wiederholen.

Wirkung: Mobilisation der Hüftgelenke und der Wirbelsäule, dehnt die Rückenmuskeln und Muskeln an den Oberschenkelinnenseiten

43.
Vorziehen des Oberkörpers aus dem Kniestand

Ausführung: Aus dem Kniestand bei auseinandergestellten Knien und aneinandergelegten Fußspitzen den Oberkörper senken und die Unterarme auf den Boden auflegen. Im Ausatmen den Oberkörper vom Kopf aus weit nach vorn ziehen, so daß Brust und Bauch möglichst den Boden streifen. Das Becken rutscht mit vor. Die Arme bleiben an derselben Stelle, werden aber im Ellenbogen gebeugt. Danach das Becken auf die Fersen zurückziehen (siehe Abbildung). Die Brust und der Bauch werden zum Boden gesenkt und die Arme leicht gestreckt. Fünf- bis achtmal wiederholen.

Wirkung: Mobilisation der Hüftgelenke, Ordnung und Stabilisierung der Bandscheiben, Ausgleich eines Hohlkreuzes, verbessert die Schulterhaltung und die Geschmeidigkeit des Rückens

44.
Vor- und Rückschwingen im Stand

Ausführung: Aus dem aufrechten Stand mit dem Ausatmen den Oberkörper nach vorn und die Arme von vorn nach hinten durchschwingen, federn und dann mit dem Einatmen den Oberkörper aufrichten und die Arme hochschwingen. Mindestens zehnmal wiederholen.

Wirkung: Regt Kreislauf und Atmung an, verbessert die Elastizität in den Knie- und Hüftgelenken

---

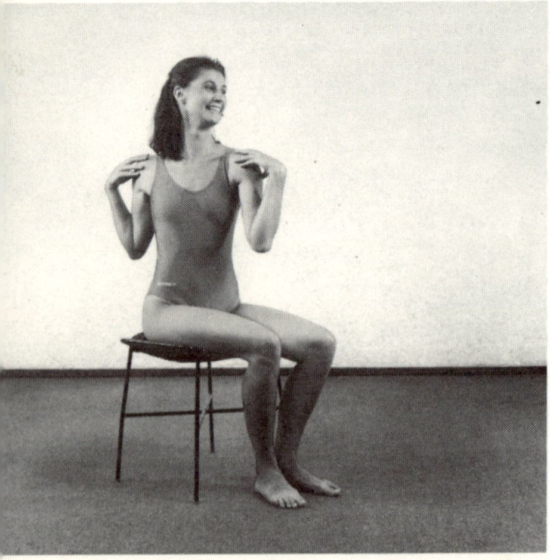

45.
Drehende Brustkorbbewegungen mit angelegten Händen

Ausführung: Im Schneidersitz oder im Sitz auf einem Hocker die Fingerspitzen an die Schultergelenke seitlich anlegen, den Oberkörper dann rhythmisch acht- bis zehnmal abwechselnd nach rechts und links zurückdrehen. Die Oberarme bleiben am Körper seitlich angelehnt. Danach die Arme sinken lassen und locker um den Körper herumschwingen.

Wirkung: Mobilisation der Brustwirbelsäule, verbesserte Durchblutung der Lungen

46.
Beckenkippen im Sitzen

Ausführung: Im aufrechten Sitz auf einem Hocker die Füße etwas entfernt voneinander aufstellen und das Becken mit Rundung in der Lendenwirbelsäule zurückkippen. Im Ausatmen das Becken aufrichten und den Rücken durchstrekken. Anschließend die Arme nach vorn heben und erst abwechselnd, dann gleichzeitig mit dem Zurückkippen des Beckens nach hinten durchschwingen und mit dem Aufrichten zum Kopf hochschwingen.

Wirkung: Mobilisation der Lendenwirbelsäule, dehnt die Schultermuskeln, streckt den Rücken, korrigiert das Hohlkreuz

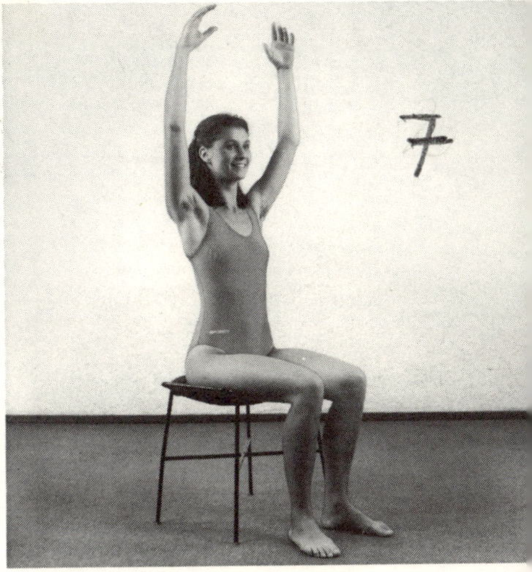

47.
Rotierende Armbewegungen im Stand

Ausführung: Im Stand die seitwärts gestreckten Arme bei ruhigem Atem kräftig nach innen und außen drehen. Die gleichen Drehungen auch mit nach vorn gestreckten Armen ausführen. Jeweils zehn Rotationen durchführen.

Wirkung: Mobilisation der Schultergelenke, kräftigt die Arm- und Schultermuskeln

48.
Schwingen und Kreisen der Beine im Stand

Ausführung: Im Stand das Spielbein acht- bis zehnmal vor dem Standbein seitlich hin- und herschwingen. Danach fortlaufend große Beinkreise vor dem Körper in beiden Richtungen ausführen.

Wirkung: Mobilisation der Hüftgelenke, kräftigt die Bein- und Gesäßmuskeln

49.

Vorneigen und Aufrichten im Grätschsitz

Ausführung: Im Grätschsitz den Oberkörper und die Arme nach oben strecken und mit dem Ausatmen dann den Oberkörper und die Arme weit nach vorn ziehen. Danach aufrichten und abwechselnd zum rechten und linken Knie hinneigen bzw. kreisende Bewegungen nach vorn und zu den Knien ausführen. Die Einatmung erfolgt jedesmal beim Aufrichten. Etwa drei Minuten üben.

Wirkung: Mobilisation der Hüftgelenke, der Wirbelsäule und der Schultergelenke, dehnt die seitlichen Rumpfmuskeln

50.
Beckendrehungen mit übereinandergeschlagenen Beinen

Ausführung: Rückenlage, die Arme in Seithalte und die Beine angestellt, ein Bein über das andere schlagen und die Beine zur Seite kippen, bis das übergeschlagene Bein den Boden berührt. Danach in die Ausgangsstellung zurückgehen, das andere Bein überschlagen und die Beine zur anderen Seite kippen. Sechs- bis achtmal nach jeder Seite ausführen.

Wirkung: Mobilisation der Lendenwirbelsäule und der Hüftgelenke

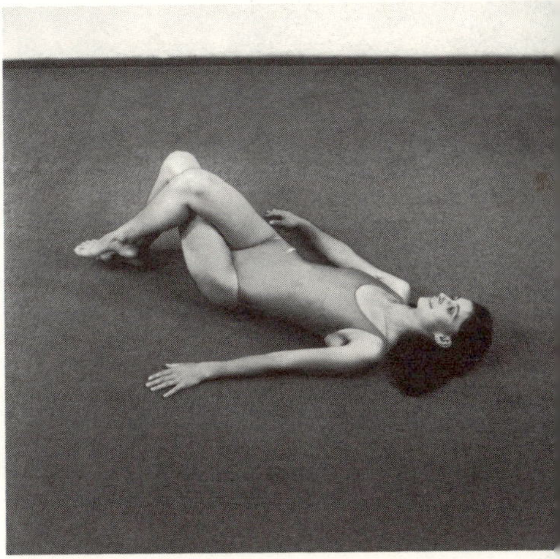

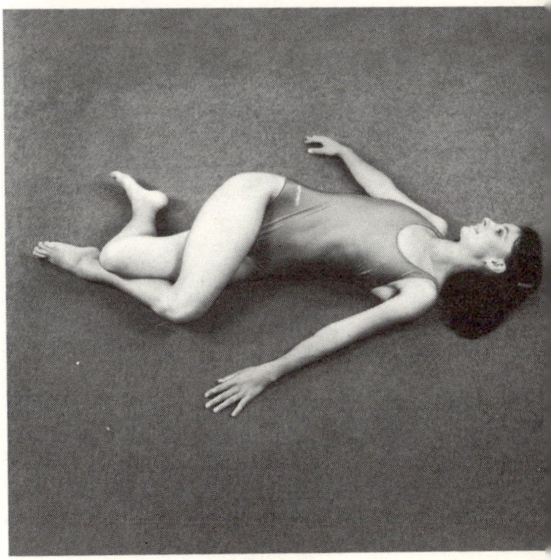

51.

Pendelschwünge der Arme im Stand

Ausführung: In Grundstellung die Arme locker entgegengesetzt vor- und zurückschwingen. Die Knie federn bei jedem Schwung leicht mit. Acht- bis zwölfmal wiederholen.

Wirkung: Mobilisation der Schulter-, Hüft- und Beingelenke

52.

Armkreisen über Kreuz vor dem Körper

Ausführung: In der Grundstellung schwingen die Arme aus der Hochhalte seitlich abwärts und nach dem Überkreuzen vor dem Körper wieder aufwärts in die Hochhalte. Bei der Abwärtsbewegung der Arme beugen die Knie leicht ein. Acht- bis zwölfmal wiederholen.

Wirkung: Mobilisation der Schulter-, Hüft- und Beingelenke

53.
Strecken, Beugen und Kreisen der Füße in Rückenlage mit Unterarmstütz

Ausführung: In Rückenlage mit Stütz auf den Unterarmen, ein Bein angestellt und das andere gestreckt, den Fuß des gestreckten Beines im Wechsel beugen, strecken und kreisen – mehrmals wiederholen. Danach die Übung mit dem anderen Fuß ausführen.

Wirkung: Mobilisation der Fußgelenke, Kräftigung der Bauch- und Oberschenkelmuskeln

8

54.
Kleine Armkreise

Ausführung: Im aufrechten Sitz oder im Stand mit den Armen in Seithalte, Handflächen zeigen nach oben, zehn kleine Armkreise ausführen. Die Betonung liegt beim Aufwärts- und Zurückführen der Arme.

Wirkung: Mobilisation der Schultergelenke, kräftigt die Schultermuskeln, dehnt die großen Brustmuskel, strafft die weibliche Brust, Atembelebung

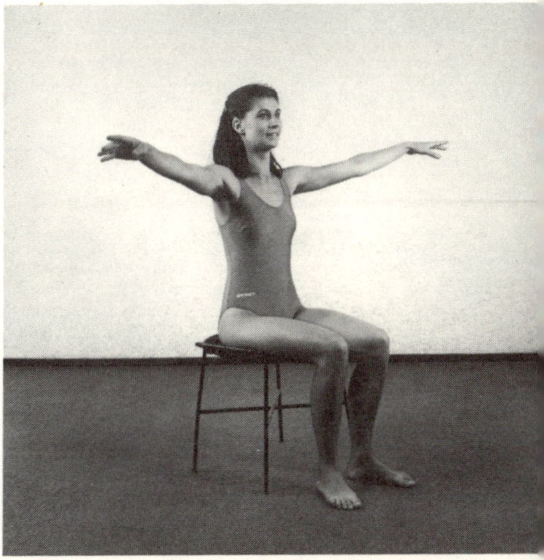

Atemübungen

Bei Atemübungen ist darauf zu achten, daß die Atmung immer rhythmisch erfolgt. Nach der Ausatmung folgt eine kurze Atempause, und danach setzt die Einatmung von selbst ein. Bei der Einatmung darf die Luft nicht unter Zwang eingesogen werden. Die Ausatmung soll nicht unnatürlich verlängert werden. Die Atmung vertieft sich durch die Übungen von selbst. Atemrhythmisch durchgeführte Bewegungen schulen den notwendigen einheitlichen Ablauf von Atmung und Bewegung. Damit wird ein Stauen und Pressen des Atems während der Übungen verhindert, das auf die Dauer Herz und Lungen schädigt. Atemübungen sind deshalb für die Gesunderhaltung wichtig. Führen Sie auch diese Übungen mit der notwendigen Konzentration durch.

55.
Atemrhythmisches Beinschwingen

Ausführung: Im Stand auf einem Bein bei jedem Zurückschwingen des Beines kurz auf „P“ ausatmen. Die Einatmung kommt beim Vorschwingen des Beines von selbst nach.

Wirkung: Verbessert den Atemrhythmus, größere Standbeinsicherheit infolge der Atemstütze

56.
Armführung zur U-Halte

Ausführung: Im Fersensitz beim Aufwärtsstrecken der Arme die Handflächen nach vorn gerichtet auf „P“ ausatmen. Danach die Arme in die U-Halte nehmen. Dabei strömt die Luft in die erweiterten oberen Atemräume ein. Die Arme aus der U-Halte wieder aufwärtsstrecken und auf „P“ ausatmen. Sechs- bis zehnmal wiederholen.

Wirkung: Vertieft die Atmung, verbessert den Atemrhythmus, dehnt die Brustmuskeln

---

57.
Fingerspannung

Ausführung: Die Fingerkuppen über die Zeit der Einatmung mit größtmöglicher Kraft gegeneinanderdrücken, ohne in den Fingergelenken einzuknicken. Mit dem Ausatmen die Spannung lösen. Fünf- bis zehnmal wiederholen.

Wirkung: Verbessert den Atemrhythmus, vertieft die Atmung, kräftigt die Hand- und Fingermuskulatur

58.
Atemrhythmisches Armschwingen in Seitgrätschstellung

Ausführung: Im Stand einen Arm so lange locker kreisend vor dem Körper herumschwingen, wie auf „P" ausgeatmet werden kann. Dann den Arm aufwärts schwingen und die Hand so lange fest zur Faust ballen, wie die Luft nun verstärkt einströmt. Mit folgender Ausatmung Oberkörper und Arme nach vorn fallen und auspendeln lassen. Mit der einströmenden Luft aufrichten und von neuem Armkreisen. Mit jedem Arm fünfmal wiederholen.

Wirkung: Verbessert den Atemrhythmus, vertieft die Atmung, mobilisiert die Schultergelenke

---

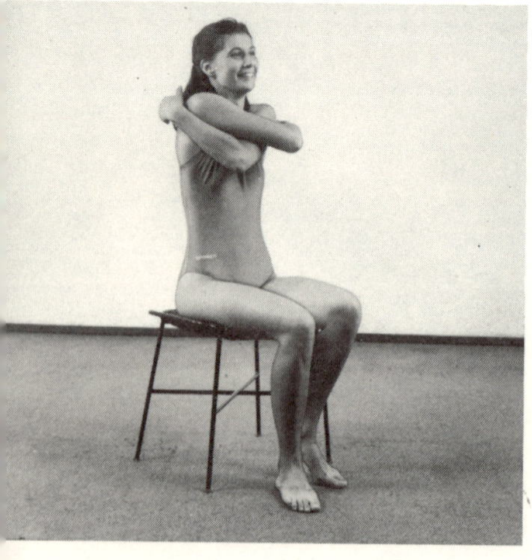

59.
Kutscherübung

Ausführung: Im Stand oder im Sitzen die Arme locker um den Körper herumschlagen.

Wirkung: Regt die Atemtätigkeit an, steigert die Organdurchblutung im Brustkorb, mobilisiert die Schultergelenke

60.
Atemrhythmische Handbewegungen

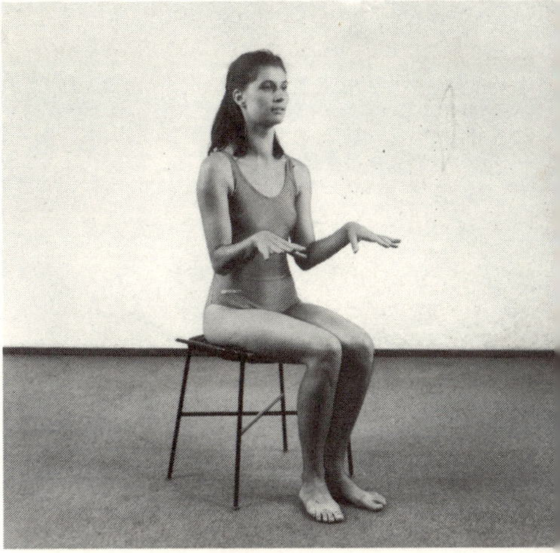

Ausführung: Im aufrechten Sitz beide Hände während des Einatmens fest zur Faust ballen und beim Ausatmen mit weitem Spreizen der Finger öffnen. In der folgenden Atempause die Hände entspannt herunterhängen lassen. Beim Einatmen wieder zur Faust ballen. Fünf bis zehn Wiederholungen durchführen.

Wirkung: Einübung des ruhigen, dreiteiligen Atemrhythmus

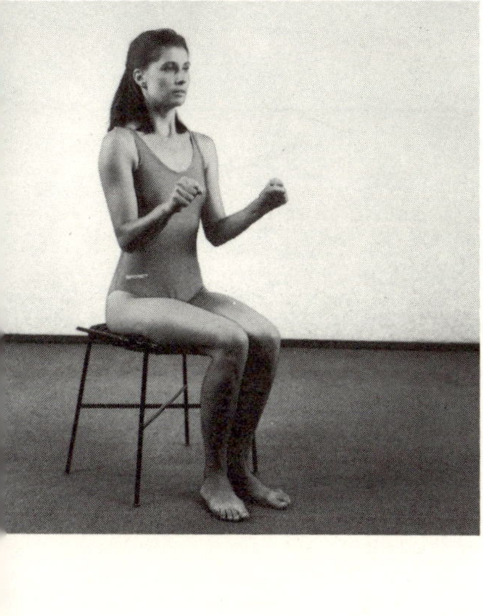

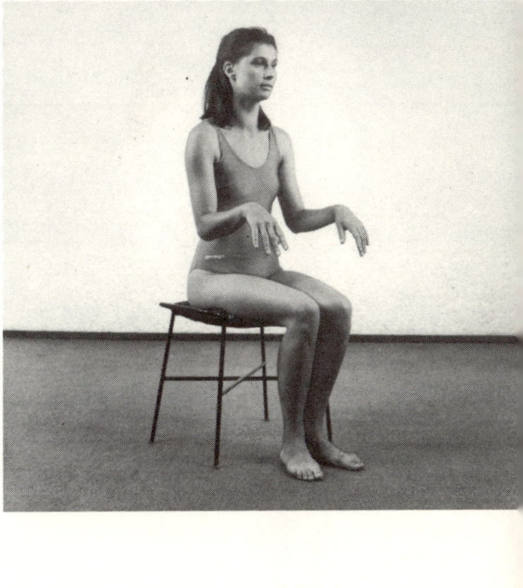

61.
Kreisende Brustkorbbewegungen

Ausführung: Im aufrechten Sitz oder im Stand die Hände an die unteren Rippen legen. Nach vorn neigen, ausatmen und Rippen fächerartig zusammenziehen. Mit der Einatmung aufrichten. Anschließend bei seitlich gehobenen Armen zur Seite neigen, dann nach hinten und in beiden Richtungen kreisen. Neigungen nicht von den Hüften ausgehend, nur zwischen den Rippen ablaufend.

Wirkung: Vertieft die Ein- und Ausatmung

62.
Atemrhythmische Armführung

Ausführung: Im Stehen oder Gehen die Arme während des Einatmens von vorn – den Brustkorb weitend – zur Seite führen und im Ausatmen senken. Fortlaufend üben.

Wirkung: Beruhigung der Atemfrequenz und allgemeines Abreagieren besonders nach anstrengenden Belastungen, z. B. nach Sprung- oder Laufübungen

63.
Aufrichten mit angebeugtem Knie

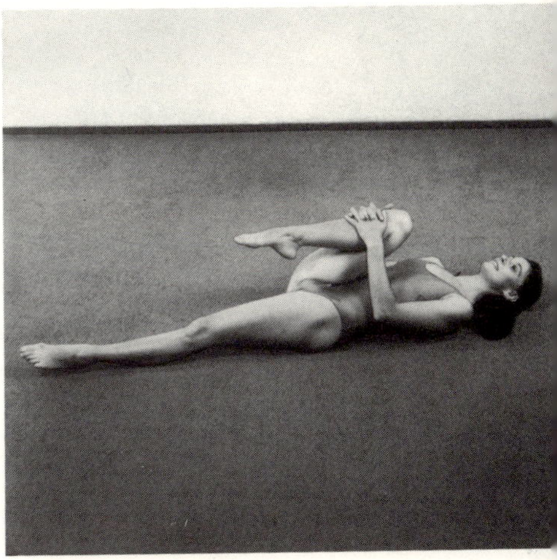

Ausführung: In Rückenlage ein Knie anbeugen, das Knie mit beiden Händen umfassen, dann nach vorn schieben und gleichzeitig mit dem Ausatmen vom Kopf aus aufrichten. Mit der nachkommenden Einatmung den Rücken durchstrecken und ausatmend zur Rückenlage zurückrollen. Drei- bis fünfmal wiederholen.

Wirkung: Verbessert den Atemrhythmus, kräftigt die Bauchmuskulatur

64.
Atemrhythmisches Armheben in Seitenlage

Ausführung: In Seitenlage den oberen Arm genau im Tempo der Einatmung zum Kopf hin heben und ausatmend zur Hüfte senken. In der Atempause den Arm auf der Hüfte ruhen lassen. Fünf- bis achtmal wiederholen.

Wirkung: Besonders beruhigend und atemvertiefend bei Atemstörungen

65.
Rückenheben in Bankstellung mit Belastung

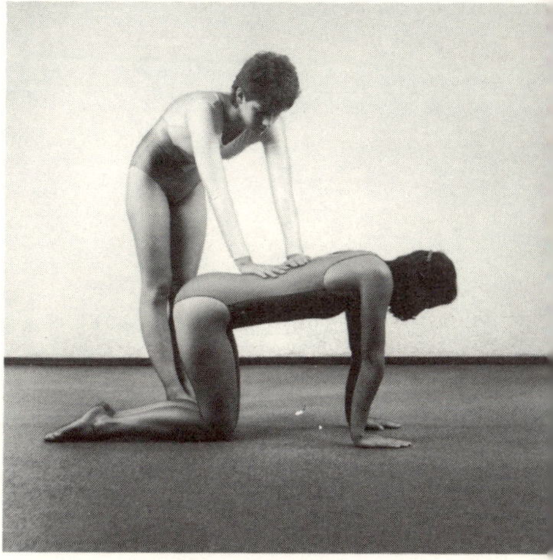

Ausführung: In Bankstellung den Rükken mit einem Buch oder durch einen Partner beschweren. Das Kreuz mit der Stütze der Einatmungsspannung zum „Katzenbuckel" anheben und mit der Ausatmung senken. Drei- bis fünfmal wiederholen.

Wirkung: Verbessert die Zwerchfellatmung, kräftigt die Rumpfmuskulatur

66.
Abströmübungen auf SCH, SS, ZS und CH im Sitzen

Ausführung: Bei dem Ausatmen auf SCH oder SS mit geschürzten Lippen, auf weichem CH mit breitgestellten Lippen und bei ZS mit Anlegen der Zungenspitze an die Vorderzähne zieht sich die Bauchwand langsam ein, der Brustkorb bleibt aufrecht. Nach dem Ausströmen die Bauchwand sofort locker lassen, so daß eine vertiefte Einatmung nachkommt. Die Abströmübungen etwa zehnmal wiederholen.

Wirkung: Kräftigt die Atemmuskulatur, wirkt allgemein beruhigend und entspannend

67.
Große Armführung

Ausführung: Im Stand mit dem Ausatmen die gestreckten Arme – Handflächen nach oben gerichtet – auswärts führen, bis die Handflächen aneinander ruhen. Mit der nachkommenden Einatmung die Arme mit nach vorn gerichteten Handflächen zur Seite führen. Sechs- bis achtmal wiederholen.

Wirkung: Verbessert den Atemrhythmus, vertieft die Atmung, kräftigt die Schultermuskeln

68.
Rotenburger Schwingen

Ausführung: Zwei Übende stehen sich mit Handfassung gegenüber und schwingen dann gleichzeitig zurück, bis die Arme gestreckt sind, und wieder vor. Nach mehrmaligem Schwingen gehen sie nach dem Zurückschwingen ausatmend mit gestreckten Armen gleichzeitig zur Hockstellung herunter, in der sie in der Atempause verharren. Mit der nachkommenden Einatmung gleichzeitig aufrichten und in die Ausgangshaltung zurückschwingen. Bei kürzerer oder längerer Atemfrequenz atmet der Übende seinem Rhythmus entsprechend während des Schwingens.

Wirkung: Verbessert die Koordination von Atmung und Bewegung

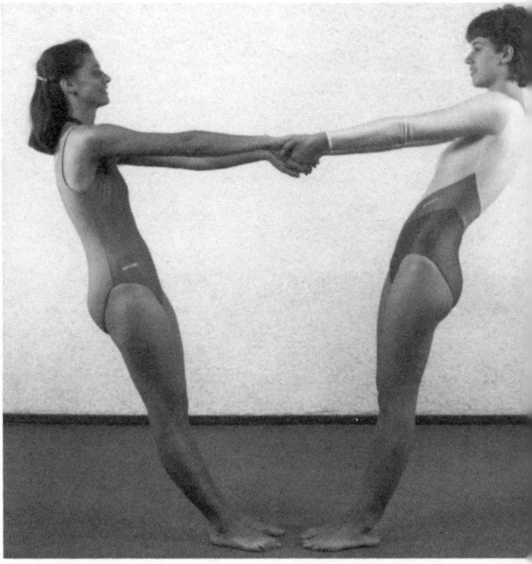

69.
„Waage“

Ausführung: Begonnen wird die Übung wie beim Rotenburger Schwingen. Aus der Hockstellung läßt sich ein Partner zurückrollen und zieht dabei den anderen Partner hoch. Dieser richtet wiederum beim Zurückschwingen mit anschließendem Hinlegen den zuerst Liegenden durch den Gegenzug auf. Die Übung mehrmals rhythmisch schwingend und das Gleichgewicht wie bei einer Waage auspendelnd durchführen.

Wirkung: Verbessert den harmonischen Ablauf von Atmung und Bewegung

70.
Rückenklopfen

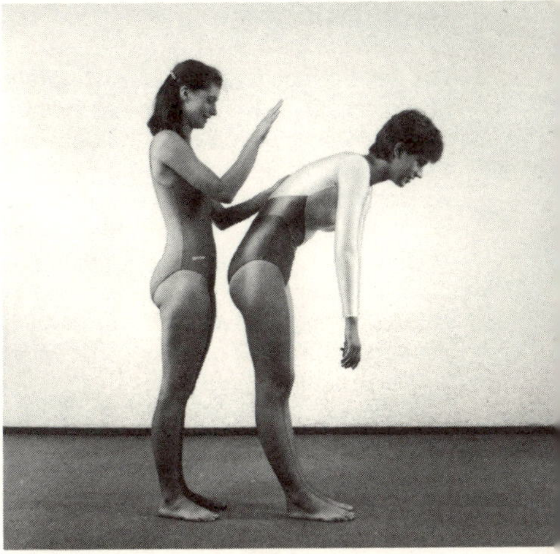

Ausführung: Der Übende steht leicht vorgebeugt, und ein Übungspartner klopft mit lockeren, federnden Handflächen über den ganzen Rücken. Die Wirbelsäule auslassen! Danach die oberen Rippen vorn und hinten gleichzeitig mit den Händen beklopfen.

Wirkung: Vertieft die Atmung und verbessert die Lungendurchblutung

Dehnübungen

Bei der Übungsdurchführung ist darauf zu achten, daß die großen Dehnungen eine halbe bis eine Minute beibehalten werden. Rein reflektorisch, also ohne bewußtes Nachhelfen, erfolgt ein vertieftes Durchatmen während und nach der Übung. Alle Übungen sind beidseitig durchzuführen. Nach jeder Dehnübung muß kurz entspannt werden, weil danach die verbesserte Durchblutung der Muskulatur einsetzt.

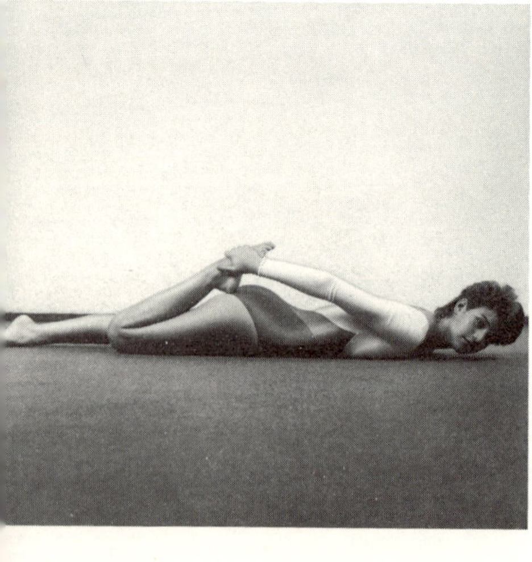

71.

Anbeugen der Unterschenkel in Bauchlage

Ausführung: In Bauchlage einen Fuß von außen mit der gleichseitigen Hand umfassen und dicht an das Gesäß heranziehen. Dann beide Beine gleichzeitig heranziehen.

Wirkung: Dehnt die vordere Oberschenkelmuskulatur, vertieft die Atmung

72.
Seitbeugen in Bauchlage

Ausführung: In Bauchlage ein Knie seitlich anwinkeln, dann das Bein zur Seite ausstrecken und den Oberkörper zum Bein hinneigen. Mit der gleichseitigen Hand den Fuß oder die Wade des zur Seite gestreckten Beines fassen.

Wirkung: Dehnt die seitliche Rumpfmuskulatur, vertieft die Flankenatmung

73.
Seitbeugen in Kriechhaltung

Ausführung: Die Arme in Kriechhaltung weit vorstrecken, die Brust tief zum Boden senken, dann mit beiden Händen zu einer Seite weit „hinüberlaufen“ und in der Dehnung 30 Sekunden verharren. Danach zur anderen Seite hinüberwechseln.

Wirkung: Dehnt die seitliche Rumpfmuskulatur, vertieft die Flankenatmung

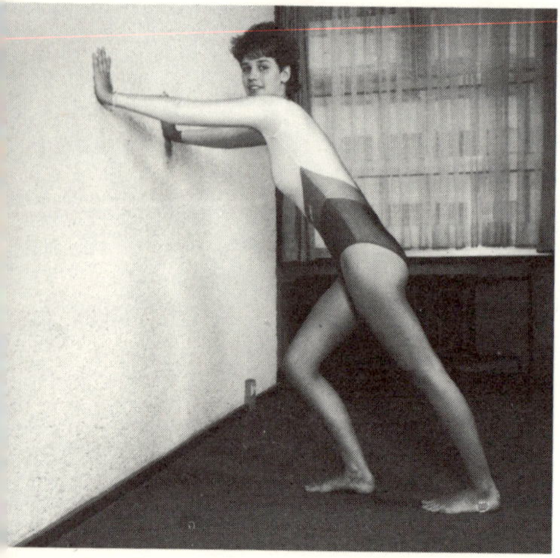

74.
Fußbeugen im Schrägstand

Ausführung: Im Schrägstand mit Stütz an der Wand ein Bein zurückstellen und die Ferse dieses Beines auf den Boden drücken und halten.

Wirkung: Dehnt die Wadenmuskulatur

75.
Fußbeugen im Strecksitz

Ausführung: Im Strecksitz mit den Händen die Zehenballen umfassen und den Mittelfuß körperwärts ziehen und halten. Die Beine bleiben dabei gestreckt. Werden im Strecksitz die Zehenballen mit den Händen nicht erreicht, Handtuch oder Gürtel benutzen.

Wirkung: Dehnt die Muskulatur an der Körperrückseite, besonders die Wadenmuskeln

76.
Ferse zum Gesäß ziehen

Ausführung: Im Stand mit Stütz auf einer Stuhllehne oder Tischkante einen Unterschenkel anbeugen, den Fußrükken mit der gleichseitigen Hand umfassen und die Ferse zum Gesäß ziehen und halten.

Wirkung: Dehnt die Muskulatur an der Körpervorderseite, besonders die Oberschenkelmuskeln

---

77.
Rumpfvorbeugen in Grundstellung

Ausführung: Aus dem Stand langsam den Rücken und die Arme mit Nackenstreckung zur Waagerechten vorsenken. Dann die Fingerspitzen zum Boden führen, allmählich die Handflächen auflegen, Hände hinter die Fersen nehmen, den Boden berühren oder die Fesseln umfassen und die Lippen an die Knie drücken. In jeder Dehnung einige Sekunden verbleiben, ruhig atmen und dann langsam aufrichten. Die Übung nicht mit Gewalt ausführen, sondern langsam und vorsichtig steigern.

Wirkung: Dehnt die Rücken-, Hüft- und hinteren Beinmuskeln, verstärkt die Hirndurchblutung

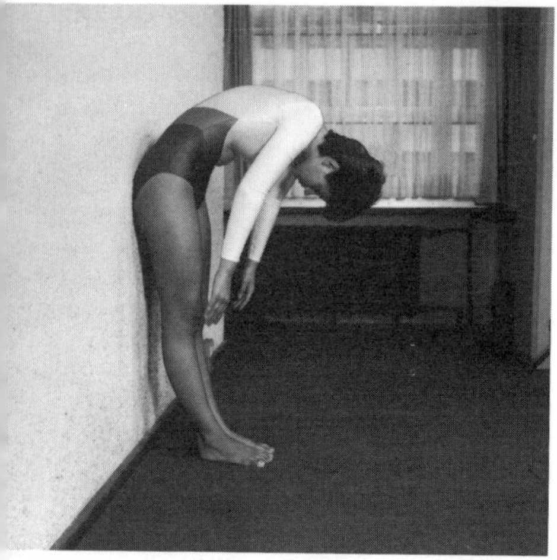

78.

Abrollen der Wirbel an der Wand

Ausführung: Etwa eine Fußlänge von einer Wand entfernt aufstellen, Rücken und Kopf anlehnen, dann den Kopf senken und Wirbel für Wirbel von der Wand abrollen, wenn möglich, bis die Stirn die gestreckten Knie berührt. In der Dehnung etwas verharren, dann mit dem Aufrichten des Beckens beginnen und jeden einzelnen Wirbel an der Wand aufwärts rollen. Zwei- bis dreimal wiederholen.

Wirkung: Dehnt die Rücken-, Hüft- und hinteren Beinmuskeln

79.

Diagonalneigen im Strecksitz mit angebeugtem Bein

Ausführung: Aus dem Strecksitz die Fußsohle des rechten Beines an die Oberschenkelinnenseite des schräg abgespreizten linken Beines anlegen. Dann den Oberkörper aus den Hüftgelenken im Ausatmen weit über das gestreckte Bein vorneigen. Der Rippenrand berührt die Oberschenkel. Ein bis drei Minuten in der Dehnung bleiben, dann die Übung zur anderen Seite ausführen.

Wirkung: Dehnt die seitlichen Rumpf-, die Rücken-, Hüft- und Oberschenkelmuskeln, regt durch wechselnden Bauchinnendruck die Verdauungstätigkeit an

80.
Vorschieben der Arme in Kriechhaltung

Ausführung: Aus der Bankstellung den Oberkörper senken und die Arme auf dem Boden weit nach vorn schieben. Etwa zwei Minuten in dieser Haltung mit gleichzeitigem Vorschieben der Arme und bei gleichmäßiger Atmung vorwärts „laufen".

Wirkung: Dehnt die Brust- und Schultermuskeln, streckt den Rücken

81.
Passives Durchstrecken des Rückens durch einen Partner

Ausführung: Der Partner steht hinter dem auf dem Rücken Liegenden, der seine Beine anhebt. Der Partner umfaßt die Fußgelenke der angehobenen Beine und streckt und dehnt den Rücken des Liegenden durch vorsichtiges Zurückdehnen und Wiedervorschieben der Beine. Wenn möglich, werden die Füße hinter dem Kopf bis zum Boden heruntergesenkt. Der Partner muß weit genug hinter dem Liegenden in Schrittstellung stehen, um vom gerundeten Kreuz aus – nicht mit verkrampften Schultern! – den Körper ohne Anstrengung zurückziehen zu können. Auf ruhige, gleichmäßige Atmung dabei achten.

Wirkung: Dehnt schonend die Rückenmuskeln, nach dem Ablegen folgen vertiefte Atemzüge

82.
Vor- und Seitneigen im Schneidersitz

Ausführung: Im Schneidersitz die Unterschenkel voreinander, nicht aufeinander, legen. Den Rücken und die Arme durchstrecken, dabei nicht den Bauch einziehen. Den Oberkörper vorneigen, Stirn zum Boden, die Unterarme auflegen und 30 Sekunden verharren. Nach dem Aufrichten zur Seite neigen, der untere Arm zieht weit vom Körper weg, der obere Arm zum Kopf, 30 Sekunden verharren und dann aufrichten.

Wirkung: Dehnt die Rücken- und seitlichen Rumpfmuskeln, vertieft die Rükken- und Flankenatmung

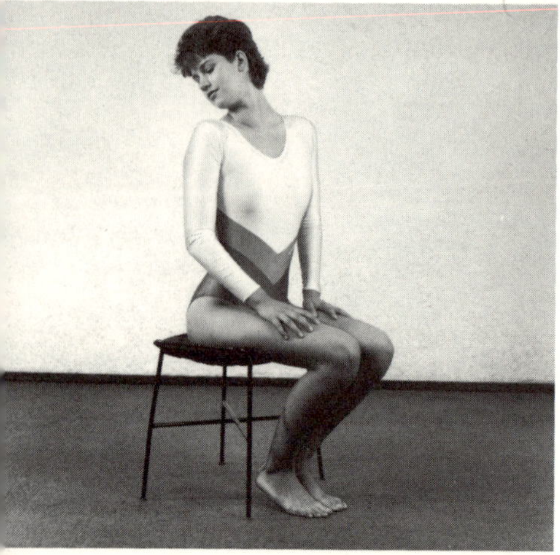

83.
Seitliches Kopfdrehen

Ausführung: Im aufrechten Sitz den Kopf von einer Seite zur anderen drehen und dabei versuchen, auf den Rücken zu schauen.

Wirkung: Dehnt die seitlichen Halsmuskeln, belebt die oberen Atemräume

---

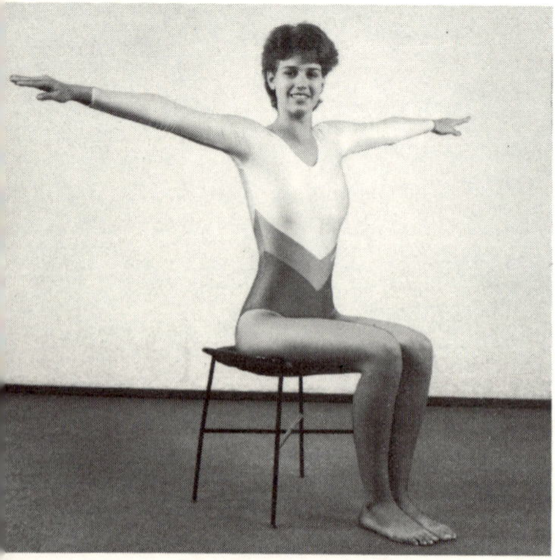

84.
Rückführung der Arme

Ausführung: Im aufrechten Sitz oder im Stand die Arme aus der Seithalte mehrmals bei ruhigem, gleichmäßigem Atmen dehnend zurück- und wieder vorführen.

Wirkung: Dehnt die großen Brustmuskeln, kräftigt die Schultermuskeln, strafft die weibliche Brust, belebt die Atmung

85.
Diagonales Drehen des Oberkörpers

Ausführung: Im Schneidersitz oder im Strecksitz Arme in Seithalte, nun einen Arm diagonal vor- und den anderen diagonal zurückziehen. Dabei verläuft die Bewegung dehnend durch den Brustkorb. Die Arme bleiben waagerecht; gleichmäßig durchatmen und fünf- bis zehnmal nach jeder Seite wiederholen.

Wirkung: Dehnt die seitlichen Rumpfmuskeln, kräftigt die schrägen Bauchmuskeln, regt die obere Brust- und Flankenatmung an

---

86.
Durchstrecken des Rückens als Partnerübung

Ausführung: Zwei Partner stehen sich gegenüber, legen sich gegenseitig die Hände auf die Schultern und gehen so weit auseinander, daß sie eine waagerechte Brücke bilden. Nun federn sie im Rücken auf und ab. Dabei ist das Hochwölben des Rückens mit dem Einatmen, das Sinkenlassen mit dem Ausatmen zu verbinden. Fünf- bis zehnmal wiederholen.

Wirkung: Dehnt die Rücken-, Gesäß- und hinteren Beinmuskeln

87.
Vorziehen des Oberkörpers aus der Bankstellung

Ausführung: In Bankstellung die Arme einbeugen und den Oberkörper vom Kopf aus mit gleichzeitiger Ausatmung tief und weit nach vorn ziehen. Danach das Gesäß zur Ferse zurückführen und dabei den Rücken zum „Katzenbuckel" runden. Die Übung zehnmal wiederholen.

Wirkung: Dehnt die Rückenmuskeln, kräftigt die Arm-, Schulter- und Bauchmuskeln

88.
Seitneigen im Seitgrätschstand

Ausführung: Aus der Seitgrätschstellung und Seithalte der Arme den Oberkörper bei gestreckten Beinen mit dem Ausatmen weit zur Seite hinüberneigen, der untere Arm zieht am Bein nach unten. Den Kopf genau zur Seite neigen und mit dem oberen Arm über den Kopf zur Seite ziehen. Dabei erfolgt eine vertiefte Einatmung – im Ausatmen strekken. Die Übung drei- bis fünfmal wiederholen.

Wirkung: Dehnt und kräftigt die seitlichen Rumpfmuskeln

89.
Beinstrecken im Sitzen

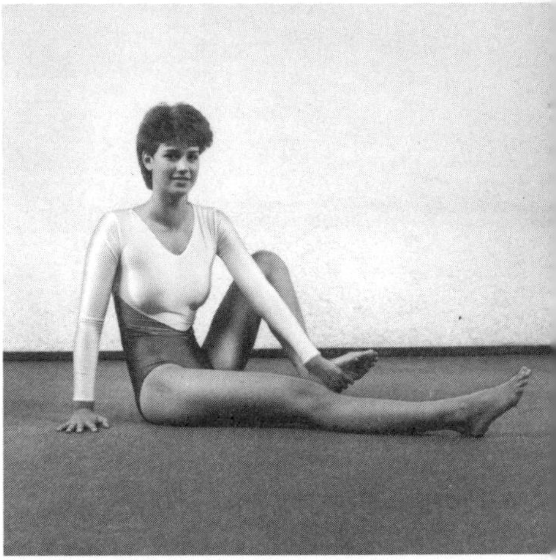

Ausführung: Im Sitzen mit der gleichseitigen Hand von innen in das Fußgewölbe fassen und die Knie erst einzeln und dann beide gleichzeitig mehrmals strecken und beugen.

Wirkung: Dehnt die Waden und die hinteren Oberschenkelmuskeln

90.
Zurücklegen des gestreckten Oberkörpers aus dem Kniestand

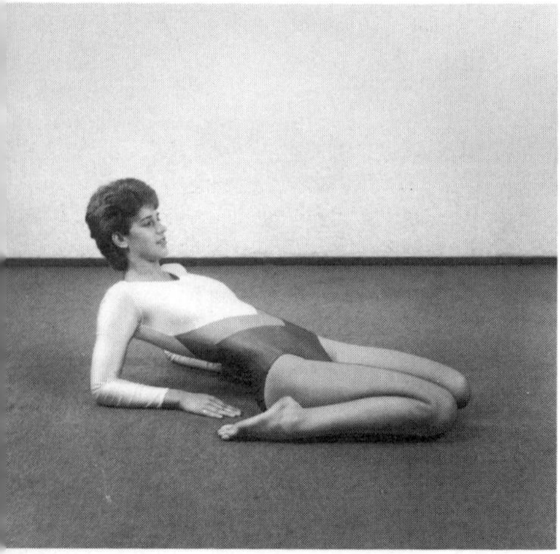

Ausführung: Aus dem Kniestand, die Knie etwas auseinandergestellt, mit gestreckten Hüften während der Ausatmung langsam zurücklegen, die Ellenbogen aufstützen und das Becken zwischen den Füßen zurücklegen. Bei ruhiger Atmung in dieser Stellung 15 bis 60 Sekunden verbleiben. Dann allmählich und vorsichtig den Oberkörper zum Boden senken.

Wirkung: Dehnt die vorderen Rumpf- und Oberschenkelmuskeln

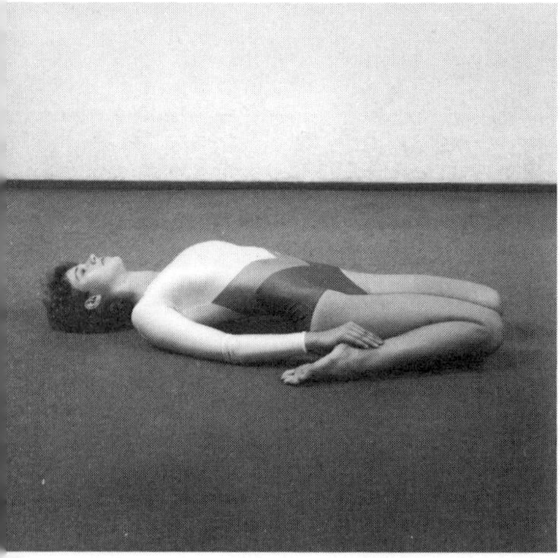

91.
Seitbeugen im Kniestand

Ausführung: Im Kniestand ein Bein gestreckt seitlich aufstellen. Mit dem Ausatmen den Oberkörper, den Kopf und die Arme vom gestreckten Bein weg zur Seite hinausdehnen. In der Dehnung erfolgt ein vertieftes Einatmen. Anschließend den Oberkörper zum gestreckten Bein neigen. Drei- bis sechsmal nach links und rechts wiederholen.

Wirkung: Dehnt und kräftigt die seitlichen Rumpfmuskeln, vertieft die Flankenatmung

---

92.
Aufrichten aus der Rückenlage und Vorbeugen des Oberkörpers

Ausführung: Mit dem Ausatmen aus der Rückenlage aufrichten und mit dem Einatmen den Oberkörper und die Arme strecken. Dann stark ausatmend den Oberkörper vorneigen, Zehen oder Fußgelenke fassen und die Ellenbogen zum Boden senken. Mit der Einatmung aufrichten und ausatmend zur Rückenlage abrollen. Drei- bis fünfmal wiederholen.

Wirkung: Dehnt die Rückenmuskulatur und kräftigt die Bauchmuskeln. Durch eine verbesserte Rückendurchblutung werden die Nerven angeregt, Müdigkeit wird leichter überwunden

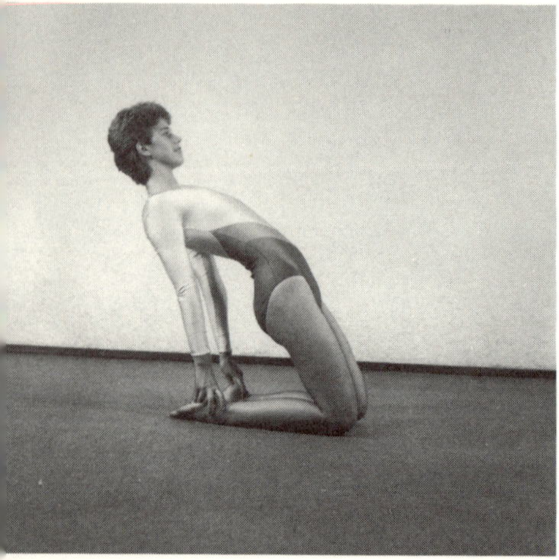

93.
Zurückbeugen des Oberkörpers im Kniestand

Ausführung: Aus dem Kniestand den Oberkörper mit dem Ausatmen, ohne in den Hüften abzuknicken, zurückbeugen und versuchen, den Rumpf allmählich tiefer zu senken und die Fersen zu erfassen. Etwa 10 Sekunden in der Dehnung verbleiben und dann von den Oberschenkeln aus zum Kniestand aufrichten. Dabei gibt die Atmung die innere Stütze.

Wirkung: Dehnt die vorderen Rumpf- und Oberschenkelmuskeln, regt die Nierenfunktion an

---

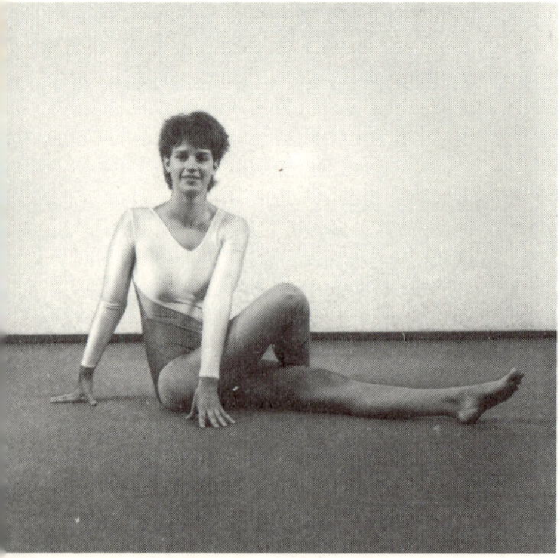

94.
Vorübung zum „Drehsitz"

Ausführung: Aus dem Strecksitz das rechte Bein fest an den Bauch heranziehen und den Fuß außen parallel zum linken Knie aufstellen. Dann den Oberkörper und den Kopf weit nach rechts zurückdrehen und die rechte Hand hinter dem Rücken mit den Fingern nach außen aufsetzen. Die linke Hand wird flach aufgesetzt, und der Arm drückt das rechte Knie nach außen. Die Übung nach beiden Seiten ausführen.

Wirkung: Dehnt und kräftigt die seitlichen Rumpfmuskeln, verbessert die Hüft- und Wirbelsäulenbeweglichkeit

95.
„Drehsitz“

Ausführung: Aus dem Strecksitz den rechten Fuß an die linke Gesäßseite legen und den linken Fuß außen neben den rechten Oberschenkel nach vorn gerichtet aufstellen. Die rechte Hand faßt den linken Knöchel, so daß der rechte Arm das linke Knie nach außen und dicht an den Körper herandrückt. Die linke Hand hinter dem Rücken soweit wie möglich nach rechts hinüber aufstellen, Oberkörper und Kopf mit nach hinten drehen. Bis zu einer Minute bei ruhiger und gleichmäßiger Atmung verbleiben. Langsam zurückdrehen und zur anderen Seite hin üben.

Wirkung: Verbessert die Beweglichkeit der Hüfte und der Wirbelsäule, dehnt und kräftigt die seitlichen Rumpfmuskeln, wirkt damit vorbeugend gegen Rückgratverkrümmungen. Abwechselndes Dehnen der einen und Zusammendrücken der anderen Körperseite verbessert die Durchblutung der Verdauungsorgane, so daß ihre Funktionen angeregt werden

96.
„Pflug“

Ausführung: Aus der Rückenlage die gestreckten Beine langsam senken, dann die Fußspitzen, allmählich den Fußrücken auflegen und die Beine weiter zurückschieben. In dieser Haltung bei ruhiger Atmung ein bis zwei Minuten verbleiben, dann langsam zurückrollen und entspannen.

Wirkung: Durch die starke Rückendehnung können Unregelmäßigkeiten der Wirbelsäule, besonders im Lendenteil, ausgeglichen werden. Ermüdungserscheinungen werden infolge der verbesserten Durchblutung des Rückens und damit auch der Rückennerven leichter überwunden, Rücken- und Bauchmuskeln werden gekräftigt

97.
Ziehen des Ellenbogens in Nakkenhalte

Ausführung: Im Stand oder Sitz einen Arm über den Kopf führen, so daß die Hand die Halswirbel erreicht. Mit der anderen Hand den Ellenbogen erfassen, langsam über den Kopf ziehen und halten.

Wirkung: Dehnt die seitlichen Schultermuskeln

98.
Vorziehen des Kopfes in Rükkenlage

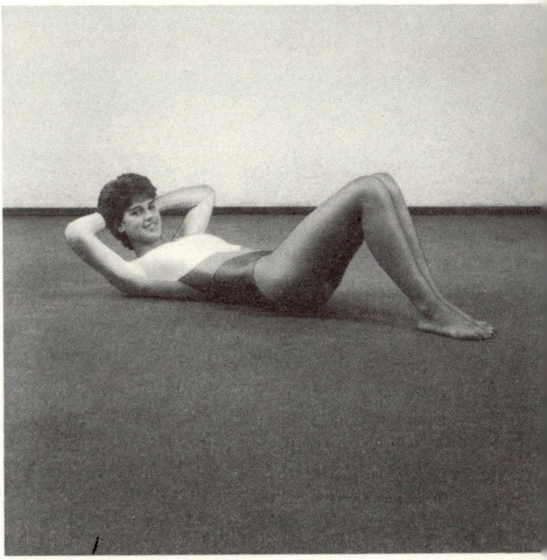

Ausführung: In Rückenlage, die Beine angestellt, mit beiden Händen den Kopf umfassen, nach vorn ziehen und halten. Die Bauchmuskeln werden dabei nicht angespannt. Der Rücken bleibt auf dem Boden liegen.

Wirkung: Dehnt die Nackenmuskeln

99.
Vorbeugen im Sitzen

Ausführung: Im Sitz, die Fußsohlen aneinandergelegt, mit den Händen die Füße umfassen, den Oberkörper weit nach vorn-unten ziehen und halten.

Wirkung: Dehnt die Rückenmuskeln und die Muskeln an den Oberschenkelinnenseiten

Kräftigungsübungen

Bei diesen Übungen muß auf den gleichzeitigen Ablauf von Muskel- und Atemspannung geachtet werden. Dadurch wird eine gute „Atemstütze“ erzielt. Nach jeder Übungsfolge sollen sich die Übenden kurz entspannen und erst dann mit den nächsten Übungen beginnen. Ist bei einer Übung eine Muskelspannung zu halten (statisches Krafttraining), sollte die Anspannungsdauer 5 bis 30 Sekunden betragen. Die Lockerung und Entspannung der Muskeln ist nach statischen Kraftübungen besonders wichtig. Wird bei Übungen die Anzahl der Wiederholungen nicht angegeben, so sind sie unter Berücksichtigung der persönlichen Leistungsfähigkeit fünf- bis zehnmal auszuführen.

100.
Anspannen der Bein- und Armmuskulatur

Ausführung: In der Rückenlage nach dem Ausatmen einen Fuß anziehen, dabei die ganze Beinmuskulatur fest anspannen (das Bein in den Boden hineindrücken). Die Luft strömt dabei von selbst intensiv ein – Gefühl einer angenehmen Luftfülle im Brustkorb. Danach „S“ ausatmen und gleichzeitig die Spannung in den Beinmuskeln lösen. In der Atempause liegt das Bein entspannt. Mit dem Einströmen der Luft wieder anspannen. Jedes Bein einzeln anspannen, dann beide gleichzeitig, drei bis fünf Minuten lang üben. Dann nach dem Anspannen der Beinmuskeln auch die Gesäß- und Beckenbodenmuskeln mit anspannen. Damit setzt eine optimale Atemvertiefung ein. Danach die Hände abwechselnd fest zur Faust ballen und die Armmuskeln während der Einatmung fest anspannen. Mit der Ausatmung die Spannung lösen; Hände und Arme nun gleichzeitig spannen und auch die Schultermuskeln mit anspannen (die Schulterblätter an die Wirbelsäule heranziehen, ohne den Brustkorb dabei hochzuziehen). Wiederum drei bis fünf Minuten lang üben. Danach Arme und Beine gleichzeitig in dieser Weise anspannen. Bei schlechten Atemverhältnissen, z. B. bei Herzschädigung, das Anspannen in der Ausatmungsphase vornehmen, bei niedrigem Blutdruck mit der Einatmung verbinden.

Wirkung: Die Atmung vertieft sich optimal zur Vollatmung, die günstige Wirkung auf den Kreislauf hat und den Gesamtorganismus kräftigt. Der Brustkorb wird gekräftigt und geformt, für Geschwächte und Kranke besonders wichtig

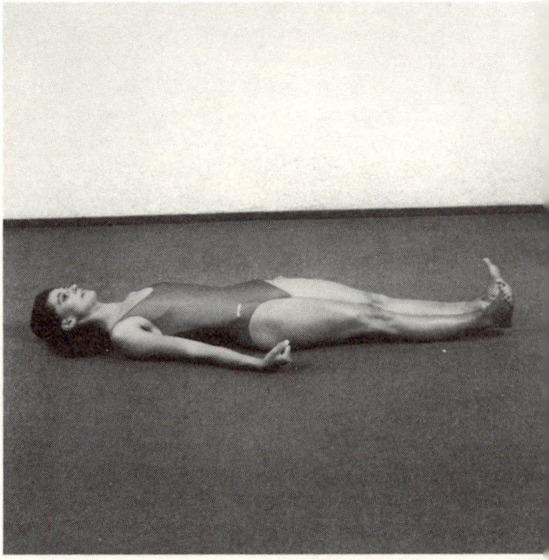

101.

Beinheben in Rückenlage

Ausführung: Die Beine erst einzeln, dann gleichzeitig gestreckt während des Ausatmens heben, die Einatmung nachkommen lassen, dann mit Ausatmen senken. Vier- bis achtmal wiederholen.

Wirkung: Kräftigt die Bauchmuskeln

102.

Schwebesitz

Ausführung: Aus der Rückenlage auf „P" ausatmend aufrichten, in der Schwebe kommt die Einatmung nach, dann ausatmend zurückrollen. Vier- bis achtmal wiederholen.

Wirkung: Kräftigt die Bauchmuskeln

5

103.

Vor- und Rückbeugen des Oberkörpers im Kniestand

Ausführung: Aus dem Kniestand den Oberkörper vorneigen, das Becken auf die Fersen zurückführen, die Unterarme und die Stirn vor den Knien auflegen. Nun vom Becken aus aufrichten. Danach den Oberkörper bei gestreckten Hüften mit Seitführen der Arme ausatmend zurückneigen. Mit der Einatmung aufrichten, im Ausatmen nach vorn zusammenrollen und in der Atempause ruhen. Drei- bis fünfmal wiederholen.

Wirkung: Kräftigt die Oberschenkel-, Gesäß- und Rückenmuskeln

104.
Rumfsenken mit Armführung

Ausführung: Aus dem Stand den Oberkörper während des Ausatmens bis zur Waagerechten senken und gleichzeitig die Arme zur Seite führen. Die Einatmung nachkommen lassen. Beim Aufrichten ausatmen und die Arme mit nach oben gerichteten Handflächen zum Kopf hochführen und die Handflächen aneinander legen. Drei- bis sechsmal wiederholen.

Wirkung: Kräftigt die Rücken-, Hüft- und Schultermuskeln

105.
Liegestützbeugen

Ausführung: Im Tempo der Ein- und Ausatmung die Arme beugen und strekken. Auch versuchen, die Übung mit Stütz auf den Fingerkuppen auszuführen. Bis zur mittleren Anstrengung üben.

Wirkung: Kräftigt die Arm- und Schultermuskulatur, verbessert die Gesamtkörperspannung

106.

Heben des Oberkörpers und der Beine aus der Bauchlage

Ausführung: Aus der Bauchlage mit den Armen in Seithalte den Oberkörper während des Einatmens etwas heben, 10 Sekunden verharren und mit der Ausatmung senken (mehrmals wiederholen). Danach die Beine einzeln, dann gleichzeitig fünf- bis zehnmal gestreckt anheben, 10 Sekunden halten, dann senken.

Wirkung: Kräftigt die Rücken-, Gesäß- und Hüftmuskeln

107.
Kriechübung „Hände, Knie und Kopf“

Ausführung: Aus der Bankstellung beide Hände gleichzeitig vorsetzen und ein Knie einen kleinen „Schritt“ vorsetzen. Dann im Ausatmen den Oberkörper vom Kopf aus weit und tief vorschieben. Die Brust nähert sich dem Boden. Vom Becken und Rücken aus in gleicher Tiefhalte zurückziehen und erneut vom Kopf aus den Oberkörper nach dem Vorsetzen der Hände und des anderen Knies vorschieben, vom Becken aus zurückziehen. Drei bis fünf Minuten entsprechend dem Kommando „Hände, Knie und Kopf“ üben.

Wirkung: Stärkt den Rücken, kräftigt die Brust-, Rücken- und Schultermuskeln

108.
Heranziehen der Schulterblätter zur Wirbelsäule

Ausführung: Im Stand von den Fingerspitzen aus die Arme weit zur Seite ziehen. Danach mit gestreckten Armen beide Schultern an die Wirbelsäule heranziehen und dabei rhythmisch mitatmen. Zehnmal wiederholen.

Wirkung: Kräftigt die Schultermuskeln, verbessert die aufrechte Körperhaltung durch die gute Rückenspannung

109.
Anbeugen der Unterarme gegen einen Widerstand

Ausführung: Zwei Übungspartner geben gleichzeitig Widerstand gegen die Unterarme, die der Übende im Stand an seine waagerecht gehaltenen Oberarme heranzieht. Den Widerstand nur so stark geben, daß er mit kräftiger Anspannung der Armmuskeln überwunden werden kann – auch beim anschließenden Strekken. Das Beugen und Strecken erfolgt im Wechsel in einer Ausatmungs- bzw. Einatmungsphase. Die widerstandgebenden Partner atmen entsprechend rhythmisch mit. Sie stehen in Seitgrätschstellung.

Wirkung: Kräftigt die Armmuskulatur, verbessert den Atemrhythmus und vertieft die Atmung

---

110.
Beckenheben in Rückenlage mit angestellten Füßen

Ausführung: In Rückenlage die Füße heranstellen und das Becken mehrmals leicht und locker vom Boden anheben, halten und „schwer" sinken lassen. Dabei ruhig atmen.

Wirkung: Kräftigt die Gesäß- und Rükkenmuskeln, verbessert die Wirbelsäulenbeweglichkeit

111.

Seitliches Senken und Aufrichten im Kniestand

Ausführung: Aus dem Kniestand das Becken ausatmend neben die Unterschenkel gleiten lassen. Beim Aufrichten erfolgt eine ausgiebige Einatmung. Mit dem Ausatmen zur anderen Seite hinübersetzen. Fünfmal wiederholen.

Wirkung: Kräftigt die Hüft- und die schrägen Bauchmuskeln

112.

Aufstehen aus dem Schneidersitz

Ausführung: Im Schneidersitz die Füße ganz dicht an das Becken heranziehen, die äußeren Fußkanten aufstellen, den Oberkörper und die Arme weit nach vorn legen und mit der Ausatmung aufstehen. Die Füße zur Grundstellung schließen.

Wirkung: Kräftigt die Gesäß-, Bein- und Fußmuskulatur, wirkt Senkfußbildung entgegen

113.
Aufrichten vom Knie- zum Zehenstand

Ausführung: Aus dem Kniestand mit gerundetem Kreuz zur Hocke hochziehen und dabei ausatmen. Mit der nachkommenden Einatmung aufrichten und zum Zehenstand hochstrecken. Ausatmend langsam über die Hocke wieder zum Kniestand vorziehen. Die Bewegungen fließend ohne Ruck durchführen. Drei- bis fünfmal wiederholen.

Wirkung: Kräftigt die Bein-, Kreuz- und Hüftmuskulatur

114.
„Hinfallen“

Ausführung: Aus dem Stand herunterfallen in den Hockstand, dann sofort das Becken dicht hinter den Fersen auf den Boden sinken lassen und ohne Handstütz in die Rückenlage abrollen. Dabei gleichzeitig die Beine vorrutschen lassen. Die Übung schnell, ohne Pause, im Ausatmen ausführen. Nach einer kurzen Entspannung in den Schneidersitz gehen und aufstehen. Drei- bis viermal wiederholen.

Wirkung: Kräftigt die Bein- und Gesäßmuskeln, verbessert die Bewegungskoordination

115.
Vorbeugen aus dem Kniestand

Ausführung: Aus dem Kniestand ein Bein vorstellen, die Arme zur Seithalte nehmen und das Becken während des Ausatmens zur vorderen Ferse führen. In der Rückenstreckung einatmen, dann mit der Ausatmung auf die hintere Ferse zurücksetzen, die Arme zum vorderen Bein senken und die Stirn zum Knie legen – wieder aufrichten. Nach jeder Seite drei- bis fünfmal wiederholen.

Wirkung: Kräftigt die Oberschenkel- und Gesäßmuskeln, dehnt die Rücken- und Oberschenkelmuskeln, verbessert die Rückenhaltung

116.
Hüftkreisen im Unterarmstütz

Ausführung: Im Unterarmstütz, die Zehen aufgestellt, bei gleichmäßigem Atmen das Becken einige Male in beide Richtungen herumkreisen. Der Rücken ist beim Hochführen rund, und beim Herunterführen berühren die Hüftleisten fast den Boden.

Wirkung: Kräftigt die Bauch-, Rücken- und Gesäßmuskeln

117.
„Radfahren“

Ausführung: In Rückenlage ein Bein möglichst senkrecht anheben, fünf- bis zehnmal beugen und strecken. Dabei den Unterschenkel beim Beugen entspannt hängen lassen. Danach mit beiden Beinen abwechselnd und auch gleichzeitig üben.

Wirkung: Kräftigt die Bauch- und Oberschenkelmuskeln, entstaut die Beinvenen, wirkt prophylaktisch gegen Krampfadern

118.
Arm- und Beinstrecken in Bankstellung

Ausführung: In der Bankstellung ein Bein zum Bauch anbeugen, mit dem Ausatmen weit nach hinten durchstrekken, anbeugen und strecken in mehrfachem Wechsel. Danach mit einem Arm wie zum Schlag ausholen und ausatmend den Arm waagerecht vorschlagen, in der Rückenstreckung während des Einatmens verbleiben. Darauf gleichzeitig ein Bein anbeugen und mit dem entgegengesetzten Arm zum Schlag ausholen, gleichzeitig das Bein durchstrecken und den Arm vorschlagen. Acht- bis zehnmal wiederholen.

Wirkung: Kräftigt die Schulter-, Rücken- und Gesäßmuskeln, Vertiefung der Atmung

119.
Heben und Senken des Oberkörpers aus der Rückenlage

Ausführung: Aus der Rückenlage, möglichst mit herangestellten Füßen und mit Armen in Nackenhalte, während des Ausatmens aufrichten. Im Sitzen die Arme heben und einatmen. Dann den Oberkörper mit Armen in Nackenhalte senken und dabei ausatmen. In der Rükkenlage einatmen. Sechs- bis achtmal wiederholen. Ist die Übung zu schwer, die Arme in Vorhalte nehmen.

Wirkung: Besonders effektive Kräftigung der Bauchmuskeln

120.
Abspreizen des gestreckten Beines in Seitenlage

Ausführung: In der Seitenlage das obere Bein gestreckt abspreizen, etwas halten und wieder senken. Fünf- bis achtmal wiederholen und dann die Übung auf der anderen Seite ausführen.

Wirkung: Kräftigt besonders die seitlichen Oberschenkelmuskeln (Abduktoren), dehnt die Muskeln an den Oberschenkelinnenseiten (Adduktoren)

121.

Schwingen und Kreisen des gestreckten Beines in Seitenlage

Ausführung: In der Seitenlage das obere Bein vor- und zurückschwingen und dann kreisen. Jeweils sechs- bis zehnmal wiederholen und dann zur anderen Seite wechseln.

Wirkung: Kräftigt die seitlichen Oberschenkel-, Gesäß-, Bauch- und Rückenmuskeln, dehnt die Muskeln an den Oberschenkelinnenseiten

122.

Diagonales Heben und Senken des Oberkörpers aus der Rükkenlage

Ausführung: Aus der Rückenlage mit den Armen in Nackenhalte den Oberkörper aufrichten und etwas drehen, so daß der linke Ellenbogen das Knie des angebeugten rechten Beines bzw. der rechte Ellenbogen das linke Knie berührt. Die Übung im Wechsel sechs- bis zehnmal wiederholen.

Wirkung: Kräftigt die seitlichen Bauchmuskeln

123.

Widergleiches Heben und Senken eines Armes und Beines in Bauchlage

Ausführung: In Bauchlage gleichzeitig ein Bein und den Arm der entgegengesetzten Körperseite heben, etwas halten und senken. Dann den anderen Arm und das andere Bein heben, halten und senken (linker Arm und rechtes Bein – rechter Arm und linkes Bein). Sechs- bis zehnmal wiederholen.

Wirkung: Kräftigt Gesäß- und Rückenmuskeln

124.
Beckenheben und -senken im Unterarmstütz

Ausführung: Im Unterarmstütz das Becken während des Einatmens bis zur Hüftstreckung heben und während des Ausatmens senken. In der Atempause ruht das Becken. Fünf- bis achtmal wiederholen.

Wirkung: Kräftigt die Gesäß- und Lendenmuskeln, mobilisiert die Hüft- und Schultergelenke

---

125.
Schlangenübung „Kobra"

Ausführung: In Bauchlage die Hände unter den Schultern aufstützen. Nun den Kopf langsam heben. Schultern und Rumpf immer mehr nach rückwärts spannen, ohne mit den Armen zu helfen, die Arme dürfen nicht gestreckt werden, die Nabelgegend bleibt dem Boden nahe, 7–12 Sekunden in der Spannung bei ruhigem Atmen verharren, langsam senken. Die Übung nur dreimal wiederholen. Danach in Bauchlage gründlich entspannen.

Wirkung: Durch das starke Anheben des Oberkörpers kommt es zum Abschnüren des Blutstroms im Lumbalteil und anschließend zu einer vermehrten Durchblutung besonders der Nieren und Nebennieren, die damit in ihrer Funktion angeregt werden. Auch die Blutversorgung der Wirbelsäule wird bereichert und damit auch die sympathischen Nerven, so daß auch eine günstige Wirkung auf die Unterleibsorgane erfolgt. Rükkenmuskeln werden gekräftigt

126.
Vorübung zur „Kerze“

Ausführung: Aus der Rückenlage bei ruhiger Atmung die gestreckten Beine mit Handstütz am Becken über das Gesicht führen. Anfangs einige Sekunden halten, auf eine bis zwei Minuten steigern. Danach die Beine langsam senken und über die Wirbel zurückrollen.

Wirkung: Kräftigt die Bauch- und Rükkenmuskeln, verbesserte Entlastung der Blutgefäße der Beine und damit Besserung bei Krampfaderleiden. Diese Wirkungen werden nur bei regelmäßigem und anhaltendem Üben erzielt

---

127.
„Kerze“

Ausführung: Aus der Rückenlage die Beine langsam mit Handstütz an den Rippen zur Kerze hochführen. Dabei das Kinn an das Brustbein heranziehen. In der Kerze bei vorwiegender Bauchatmung erst eine halbe Minute verbleiben, dann allmählich auf zwei bis drei Minuten steigern. Danach die gestreckten Beine langsam senken. Wirbel für Wirbel zurückrollen, ohne den Kopf anzuheben, ohne den Atem anzuhalten oder zu pressen. Eine bis zwei Minuten in der Rükkenlage entspannen.

Wirkung: Kräftigt die Bauch- und Rükkenmuskeln, verbesserte Hirndurchblutung. Beruhigung der Schilddrüse, Entlastung des Herzens, Entlastung der Blutgefäße der Beine und damit Besserung bei Krampfaderleiden. Diese Wirkungen werden nur bei regelmäßigem und anhaltendem Üben erzielt

128.
Wechsel von Hock- und Zehenstand

Ausführung: Aus dem Stand mit dem Ausatmen in die Hocke gehen und mit dem Einatmen zum Zehenstand strekken. Die Arme werden dabei in die Hochhalte geführt. Die Körperstreckung kann auch mit einem Ballenstoß nach oben verbunden werden. Fünf- bis zehnmal wiederholen.

Wirkung: Kräftigt die Fuß- und Beinmuskulatur

129.
Fußübungen im Strecksitz oder im Sitz auf einem Hocker

Ausführung: Heben und Senken und Kreisen der Füße zehnmal. Innen- und Außenrotieren der angezogenen Füße zehnmal. Einkrallen und Spreizen der Zehen im Wechsel zehnmal. Greifen mit den Zehen (Kastanien, Bleistifte o. ä.) zehnmal. Ausschütteln der Füße.

Wirkung: Kräftigung bzw. Entspannung der Füße, besondere Kräftigung des Innengewölbes durch das Rotieren der Füße, besondere Kräftigung des Quergewölbes durch die Greifbewegung der Zehen

130.
Strecken in den Zehenstand

Ausführung: Aus dem Stand langsam zum Zehenstand kommen, die Arme aufwärts strecken und in dieser Stellung 30 Sekunden bei ruhigem Atmen verharren. Arme und Fersen langsam senken.

Wirkung: Kräftigt die Fuß- und Beinmuskeln, stabilisiert die aufrechte Körperhaltung

Ausdauerfördernde Übungen

Mit Hilfe der folgenden Übungen, die mit größerer Bewegungsintensität ausgeführt werden, können Ausdauerfähigkeiten etwas gesteigert werden, da bei diesen Übungen Atmung, Kreislauf und Stoffwechsel mehr beansprucht werden. Während des Übens ist auf einen natürlichen harmonischen Atemablauf zu achten. Jedes Pressen und Anhalten des Atems ist zu vermeiden. Besonders wichtig ist das beim Springen, Springen mit Armschwingen und bei ähnlichen Übungen. Bei jedem Sprung oder Schwung verhindert ein kurzes Ausatmen auf „P" das zu schnelle Außer-Atem-Kommen. Die Atmung wird damit rhythmisch den Bewegungen angepaßt, und die Übungen sind weniger anstrengend. Die stützende Kraft der Atmung wird dabei besonders spürbar.

131.

Atemrhythmisches Springen im Kreis

Ausführung: Die Übenden stehen mit Handfassung im Kreis und schwingen die Arme gleichmäßig vor und zurück und federn bei jedem Vor- und Rückschwingen der Arme mit den Füßen auf und ab. Nach mehrmaligem Federn zum Springen übergehen. Bei jedem Sprung kurz auf „P" ausatmen. Die Übung kann auch jeder für sich allein ausführen.

Wirkung: Regt Kreislauf und Atmung an, kräftigt die Fuß- und Beinmuskeln, emotional belebend

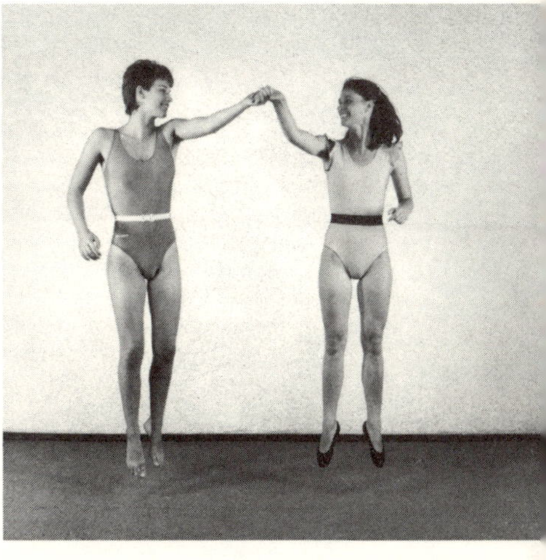

132.
Seitschwingen im Seitgrätschstand

Ausführung: In Seitgrätschstellung bei gleichmäßiger Atmung den Oberkörper und die Arme in weitem, flachem Bogen waagerecht hin- und herschwingen, den Bewegungsansatz vom Becken aus geben. Zehnmal nach jeder Seite wiederholen.

Wirkung: Regt Kreislauf und Atmung an, verbessert die Elastizität in den Hüft- und Wirbelsäulengelenken

---

133.
Laufen

Ausführung: Auf der Stelle oder um Möbel bzw. Geräte locker laufen. Dann im Wechsel lockerer Lauf, Kniehebelauf (Knie zur Brust) und Laufen mit Anfersen (Fersen zum Gesäß). Zwei bis vier Minuten laufen, dann eine Pause einlegen.

Wirkung: Verbessert die allgemeine Ausdauer und die lokale Muskelausdauer in den Beinen

134.
„Welle“

Ausführung: Aus dem Stand das Bekken zurückführen und die Arme nach vorn schwingen. Dann das Becken nach vorn bringen, die Arme an den Oberschenkeln vorbeiführen und den Oberkörper mit allmählicher Kniestreckung zurücknehmen. Die Arme weiter aufwärts schwingen und den Oberkörper völlig strecken. Die Bewegungswelle bei gleichmäßiger ruhiger Atmung zehnmal rhythmisch durch den Körper ablaufen lassen.

Wirkung: Regt Kreislauf und Atmung an, verbessert die Körperelastizität und das rhythmische Bewegungsempfinden

135.

Beine anhocken und strecken aus dem Liegestütz

Ausführung: Aus dem Liegestütz vorlings im Wechsel die Beine anhocken und strecken. Nach einer kleinen Pause die Beine gleichzeitig anhocken und strecken. Auf eine lockere Kopfhaltung achten. Jeweils acht- bis zwölfmal wiederholen.

Wirkung: Regt Kreislauf und Atmung an, kräftigt die Beinmuskeln, gute Durchblutung des Kopfes

136.
Hüpfen

Ausführung: Schlußhüpfen auf der Stelle, danach im Wechsel vorwärts – rückwärts, nach links und rechts, Beine grätschen und schließen, Springen in den Ausfallschritt und Springen mit überkreuzen der Beine. Alle Sprünge mehrmals wiederholen. Wird die Anstrengung zu groß, eine Pause einlegen.

Wirkung: Verbessert die allgemeine Ausdauer und die Muskelkraft in den Beinen

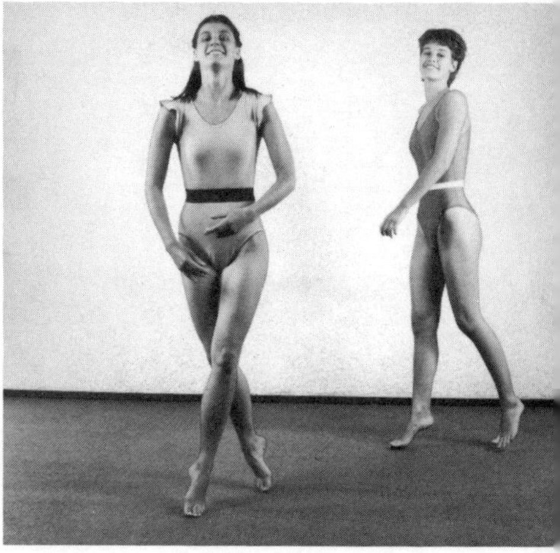

137.

Schlußhüpfen („Hampelmann")

Ausführung: Im Wechsel springen aus der Grundstellung in den Grätschstand mit gleichzeitigem Heben der Arme in die Hochhalte und springen aus dem Grätschstand in die Grundstellung mit Senken der Arme. Etwa eine Minute lang.

Wirkung: Verbessert die allgemeine Ausdauer und die Bewegungskoordination

Beispiele für Übungszusammenstellungen

Die Verbesserung der körperlichen Fitneß ist das übergreifende Ziel der Gymnastik dieses Buches. Inwieweit dieses Ziel auch verwirklicht wird, hängt wesentlich vom Umfang und von der Art ihrer Einbeziehung in die Lebensgewohnheiten jedes einzelnen Menschen ab. So hat naturgemäß die täglich nach einem individuellen Programm betriebene Gymnastik eine andere Wirkung als die einmal wöchentliche Gymnastik in einer Allgemeinen Sportgruppe oder die Ergänzungsgymnastik in sportartspezifischen Gruppen. Um die Gymnastik, ganz gleich welcher Art, möglichst zweckmäßig zu gestalten, ist die richtige Übungsauswahl und -reihung entscheidend. Die folgenden Übungszusammenstellungen sollen Ihnen helfen, weitere eigene Übungsprogramme zusammenzustellen. Jedes Übungsprogramm sollte möglichst komplex aufgebaut sein, um den Körper vielseitig zu belasten. Es ist nicht erforderlich, die Übungen eines Programms häufig auszuwechseln. Im Vordergrund sollten vielmehr die ständige Verbesserung der Übungsausführung und die langsame Erhöhung der Gesamtbelastung stehen. Zur Erhöhung der Gesamtbelastung sind vor allem drei Wege geeignet:
- Steigerung der Übungswiederholungen bzw. Verlängerung der Haltedauer einer Übung,
- Erweiterung des Übungsprogramms,
- Steigerung der Übungshäufigkeit pro Woche.

Eine Belastungserhöhung mittels Temposteigerungen während des Übens ist nicht zweckmäßig, weil dadurch oft die Übungsqualität und damit gleichzeitig die angestrebte Wirkung leidet.

Übungsbeispiele für Allgemeine Sportgruppen

Im Freizeit- und Erholungssport sind die Allgemeinen Sportgruppen die verbreitetste Form der organisierten sportlichen Betätigung. Den Allgemeinen Sportgruppen können im weitesten Sinne Gesundheitssportgruppen und Sportgruppen für Ältere zugeordnet werden. Freudvolles konditions- und gesundheitsförderndes Üben und Trainieren auf der Grundlage eines vielseitigen und abwechslungsreichen Übungsprogramms ist der gemeinsame sportliche Inhalt dieser Gruppen. Gymnastische Übungen stehen dabei im Mittelpunkt der Übungsstunde. In vielen Allgemeinen Sportgruppen wird für die Gymnastik mehr als die Hälfte der Übungszeit verwendet.

Die folgenden Übungsbeispiele umfassen eine Übungsdauer von 30 bis 45 Minuten.

Allgemeine Sportgruppen 1. Beispiel

Reihenfolge	Übungsbezeichnung	Übungsnummer
1.	Abrollen der Wirbelsäule im Stand	10
2.	Auspendeln der Unterarme	35
3.	Kleine Kopfkreise (im Stand)	30
4.	Schulterkreisen in Seitenlage	31
5.	Große Beinkreise in Rückenlage	41
6.	Vorschwingen des Oberkörpers bei angezogenen Füßen	42
7.	Auflockernde Brustkorbbewegungen in Bankstellung	21
8.	Strecken, Beugen und Kreisen der Füße in Rückenlage mit Unterarmstütz	53
9.	Aufrichten mit angebeugtem Knie	63
10.	Kreuzheben und -senken in Bankstellung	17
11.	Kreisende Brustkorbbewegungen im Stand	61
12.	Atemrhythmisches Armheben in Seitenlage	64
13.	Laufen (auf der Stelle)	133
14.	Große Armführung	67
15.	Seitbeugen in Kriechhaltung	73
16.	Beckenheben und -senken im Unterarmstütz	124
17.	Beinstrecken im Sitzen	89
18.	„Radfahren“	117
19.	Seitliches Senken und Aufrichten im Kniestand	111
20.	Arm- und Beinstrecken in Bankstellung	118
21.	Diagonales Heben und Senken des Oberkörpers aus der Rückenlage	122
22.	Abspreizen des gestreckten Beines in Seitenlage	120

Allgemeine Sportgruppen 2. Beispiel

Reihenfolge	Übungsbezeichnung	Übungsnummer
1.	Ganzentspannung in Rückenlage	1
2.	Seitdrehlage	7
3.	Heranziehen der Knie in Rückenlage	14
4.	Senken und Heben der angestellten Beine in Rückenlage	23
5.	Heben und Senken des Rückens in Kriechhaltung	15
6.	„Schwänzchenwedeln“ in Bankstellung	16
7.	Drehende Kopfbewegungen bei geneigtem Kopf (im Stand)	27
8.	Schulterkreisen im Stehen	34
9.	Armschwingen durch Körperdrehungen	33
10.	Schwingen und Kreisen der Beine im Stand	48
11.	Atemrhythmisches Springen im Kreis	131
12.	Atemrhythmische Armführung	62
13.	Seitbeugen in Bauchlage	72
14.	Heben des Oberkörpers und der Beine aus der Bauchlage	106
15.	Vorbeugen im Sitzen	99
16.	Schwebesitz	102
17.	Widergleiches Heben und Senken eines Armes und Beines in Bauchlage	123
18.	Dehnlagern in Päckchenstellung	20
19.	Liegestützbeugen	105
20.	Vor- und Seitneigen im Schneidersitz	82
21.	Beckenheben in Rückenlage mit angestellten Füßen	110
22.	Vorschieben der Arme in Kriechhaltung	80
23.	Heben und Senken des Oberkörpers aus der Rückenlage	119
24.	Fußbeugen im Strecksitz	75
25.	Vorziehen des Kopfes in Rückenlage	98

Übungsbeispiele für sportartspezifisch trainierende Sportgruppen

Im Mittelpunkt des Trainingsprozesses in sportartspezifischen Gruppen steht die Leistungsverbesserung in einer Sportart. Die sportartspezifischen Übungen beanspruchen deshalb auch den Hauptteil des zeitlichen Trainingsumfanges. Gymnastische Übungen innerhalb einer Trainingseinheit sollten im vorbereitenden Teil (Erwärmung) und im Schlußteil (Ausklang) eingefügt werden. Zweckmäßig können aber auch Entspannungs- und Dehnübungen im Hauptteil einer Trainingseinheit, z. B. beim Erlernen komplizierter sportlicher Techniken, oder in den Pausen bei Mehrfachstarts an Wettkampftagen sein.
Ziel der folgenden Übungsbeispiele ist die körperliche Vorbereitung des Sportlers auf die sportartspezifische Belastung im Hauptteil einer Trainingseinheit.

Sportartspezifische Gruppen 1. Beispiel

Reihenfolge	Übungsbezeichnung	Übungsnummer
1.	Abrollen der Wirbelsäule im Stand	10
2.	Schulterkreisen im Stehen	34
3.	Auspendeln der Unterarme	35
4.	Kreuzheben und -senken in Bankstellung	17
5.	Vorziehen des Oberkörpers aus dem Kniestand	43
6.	Beckendrehungen mit übereinandergeschlagenen Beinen	50
7.	Schwingen und Kreisen der Beine im Stand	48
8.	Armkreisen über Kreuz vor dem Körper	52
9.	Atemrhythmisches Springen im Kreis	131
10.	Seitbeugen in Bauchlage	72
11.	Fußbeugen im Strecksitz	75
12.	Schwebesitz	102
13.	Diagonalneigen im Strecksitz mit angebeugtem Bein	79
14.	Beinheben in Rückenlage	101
15.	Strecken in den Zehenstand	130

Sportartspezifische Gruppen 2. Beispiel

Reihenfolge	Übungsbezeichnung	Übungsnummer
1.	Seitdrehlage	7
2.	Heranziehen der Knie in Rückenlage	14
3.	Senken und Heben der angestellten Beine in Rückenlage	23
4.	Große Beinkreise in Rückenlage	41
5.	Vorschwingen des Oberkörpers bei angezogenen Füßen	42
6.	Vor- und Rückschwingen der Arme im Stand	44
7.	Atemrhythmisches Beinschwingen	55
8.	Seitschwingen im Seitgrätschstand	132
9.	Wechsel von Hock- und Zehenstand	128
10.	Fersen zum Gesäß ziehen	76
11.	Seitbeugen in Kriechhaltung	73
12.	Diagonales Heben und Senken des Oberkörpers aus der Rückenlage	122
13.	Widergleiches Heben und Senken eines Armes und Beines in Bauchlage	123
14.	„Pflug“	96
15.	Auspendeln des Oberkörpers in Seitgrätschstellung	13

Übungsbeispiele für das individuelle Üben

Wer sich nicht einer Sportgruppe anschließen, sondern lieber zu Hause üben will, der hat natürlich den Vorteil, daß er die Übungsfolge auf seine Bedürfnisse und Möglichkeiten einstellen kann. Das individuelle Üben wird einerseits zusätzlich zum Training in der Sportgruppe durchgeführt, andererseits werden geschwächte oder altersbedingte weniger belastbare Sportfreunde lieber zu Hause üben. Wir geben Ihnen deshalb einige Beispiele für Ältere, Übergewichtige und Kreislauflabile. Wenn die Dauer der Programme zu lang ist, dann können Übungen weggelassen und mit steigender Belastbarkeit wieder aufgenommen werden.

1. Beispiel, besonders für Ältere geeignet

Reihenfolge	Übungsbezeichnung	Übungsnummer
1.	Ganzentspannung in Rückenlage	1
2.	Heranziehen der Knie in Rückenlage	14
3.	Beckenheben in Rückenlage mit angestellten Füßen	110
4.	Große Beinkreise in Rückenlage	41
5.	Erste Dehnlagerung	4
6.	Entspannende Hals- und Kopfübungen in Rücken- und Seitenlage	24 und 25
7.	Entspannende Hüftkreise in Seitenlage	18
8.	Atemrhythmisches Armheben in Seitenlage	64
9.	Anbeugen der Unterschenkel in Bauchlage	71
10.	Strecken in Bauchlage	19
11.	Vorziehen des Oberkörpers aus dem Kniestand	43
12.	Dehnlagern in Päckchenstellung	20
13.	Heben und Senken des Rückens in Kriechhaltung	15
14.	Abrollen der Wirbelsäule	10 und 11
15.	Heben und Senken der Arme im Stand	32

2. Beispiel, besonders für Ältere geeignet

Reihenfolge	Übungsbezeichnung	Übungsnummer
1.	Ganzentspannung in Rückenlage	1
2.	„Radfahren“	117
3.	Seitbeugen in Bauchlage	72
4.	Strecken in der Bauchlage	19
5.	Vorschieben der Arme in Kriechhaltung	80
6.	Passives Durchstrecken des Rükkens durch einen Partner	79
7.	Anspannen der Bein- und Armmuskulatur	100
8.	Aufrichten mit angebeugtem Knie	63
9.	Aufrichten aus der Rückenlage und Vorbeugen des Oberkörpers	94
10.	Vorübung zum „Drehsitz“	92
11.	Vorneigen und Aufrichten im Grätschsitz	49
12.	Vor- und Seitneigen im Schneidersitz	82
13.	Vor- und Seitsenken des Kopfes	28
14.	Große Kopfkreise	29
15.	Seitliches Kopfdrehen	83
16.	Schulterkreisen im Sitzen oder Stehen	34
17.	Drehende Brustkorbbewegungen mit angelegten Händen	45
18.	Vor- und Rückschwingen im Stand	44

3. Beispiel, besonders für Übergewichtige geeignet

Reihenfolge	Übungsbezeichnung	Übungsnummer
1.	Ganzentspannung in Rückenlage	1
2.	Große Beinkreise in Rückenlage	41
3.	„Radfahren“	117
4.	Beckenheben in Rückenlage mit angestellten Füßen	110
5.	Entspannende Hüftkreise in Seitenlage	18
6.	Beckenheben und -senken im Unterarmstütz	124
7.	Seitbeugen in Kriechhaltung	73
8.	Kriechübung „Hände, Knie und Kopf“	107
9.	Strecken in Bauchlage	19
10.	Seitliches Senken und Aufrichten im Kniestand	111
11.	Arm- und Beinstrecken in Bankstellung	118
12.	Seitbeugen im Kniestand	91
13.	Vorbeugen aus dem Kniestand	115
14.	Aufrichten vom Knie- zum Zehenstand	113
15.	Wechsel von Hock- und Zehenstand	128
16.	Atemrhythmisches Armschwingen in Seitgrätschstellung	58
17.	Auspendeln der Unterarme	35
18.	Rumpfsenken mit Armführung	104
19.	Heben und Senken der Arme im Stand	32

4. Beispiel, besonders für Übergewichtige geeignet

Reihenfolge	Übungsbezeichnung	Übungsnummer
1.	Ganzentspannung in Rückenlage	1
2.	Beinheben in Rückenlage	101
3.	Anbeugen der Unterschenkel in Bauchlage	71
4.	Heben des Oberkörpers und der Beine aus der Bauchlage	106
5.	Rückendehnung mit Hilfe eines Partners	81
6.	Aufrichten aus der Rückenlage und Vorbeugen des Oberkörpers	94
7.	Schwebesitz	102
8.	„Kerze“	127
9.	„Pflug“	96
10.	Heben und Senken des Rückens in Kriechhaltung	15
11.	Hüftkreisen im Unterarmstütz	116
12.	Seitliches Senken und Aufrichten im Kniestand	111
13.	Vor- und Rückbeugen des Oberkörpers im Kniestand	103
14.	Aufrichten vom Knie- zum Zehenstand	113
15.	Liegestützbeugen	106
16.	„Welle“	134
17.	Heben und Senken der Arme im Stand	32

5. Beispiel, besonders für Kreislauflabile geeignet

Reihenfolge	Übungsbezeichnung	Übungsnummer
1.	Ganzentspannung in Rückenlage	1
2.	Rotierende Armbewegungen im Stand oder Rotieren der Beine in Rükkenlage	47 u. 40
3.	Beinheben in Rückenlage	101
4.	Beckenheben in Rückenlage mit angestellten Füßen	110
5.	Atemrhythmisches Armheben in Seitenlage	64
6.	Seitbeugen in Kriechhaltung	73
7.	Aufrichten aus der Rückenlage und Vorbeugen des Oberkörpers	94
8.	Vor- und Seitsenken des Kopfes	28
9.	Große Kopfkreise	29
10.	Kleine Kopfkreise	30
11.	Seitliches Kopfdrehen	83
12.	Vorübung zum „Drehsitz“	92
13.	Kreuzheben und -senken in Bankstellung	17
14.	Vor- und Rückbeugen des Oberkörpers im Kniestand	103
15.	Wechsel von Hock- und Zehenstand	128
16.	Durchstrecken des Rückens	12
17.	Schwingen und Kreisen der Beine im Stand	48
18.	Auspendeln der Unterarme	35
19.	Atemrhythmische Armführung	62

6. Beispiel, besonders für Kreislauflabile geeignet

Reihenfolge	Übungsbezeichnung	Übungsnummer
1.	Ganzentspannung in Rückenlage	1
2.	„Radfahren"	117
3.	Anspannen der Bein- und Armmuskulatur	100
4.	Aufrichten mit angebeugtem Knie	63
5.	Schwebesitz	102
6.	Heben und Senken der Wirbelsäule in Bankstellung	26
7.	Seitliches Senken und Aufrichten im Kniestand	111
8.	Seitbeugen im Kniestand	91
9.	Armführung zur U-Halte	56
10.	Vor- und Seitneigen im Schneidersitz	82
11.	Heranziehen der Schulterblätter zur Wirbelsäule	108
12.	Aufstehen aus dem Schneidersitz	112
13.	Rumpfsenken mit Armführung	104
14.	„Welle"	134
15.	Heben und Senken der Arme im Stand	32

KLAUS-JÜRGEN HEMPEL/HANS-HENNING OHLERT

Gymnastik für den Rücken

77 Seiten, 114 Fotos, Broschur, ISBN 3-328-00416-5

Herr Doktor, ich hab's so im Kreuz! – Diese Klage von Patienten bekommt der Arzt besonders häufig in seiner Sprechstunde zu hören. Er verordnet Massagen, Bäder, schmerzstillende Mittel, Einlagen oder auch Extentionen. „Sie müssen Ihre Rumpfmuskulatur kräftigen, damit die Wirbelsäule entlastet wird", fügt er allenfalls noch hinzu. Wer diese Mahnung ernst nimmt, wird es nicht bereuen. Noch besser ist es, Rückenbeschwerden erst gar nicht entstehen zu lassen.
Die 55 Übungen stellen eine praktische Hilfe für jeden dar. Sie sind dank der vielen instruktiven Fotos leicht verständlich und nachvollziehbar. Auf theoretische Abhandlungen wurde verzichtet. In diesem Sinne ist das Buch eigentlich kein „Lesestoff", sondern hat mehr Rezeptcharakter, bietet Hilfe zur Selbsthilfe.
Die vorgeschlagenen Übungsprogramme sind sinnvoll und damit besonders effektiv zusammengestellt. Ebenso wichtig wie das regelmäßige Üben sind allerdings gesunde Bewegung und Körperhaltung im Alltag. Dazu gibt es anschauliche Tips.

Bestellungen richten Sie bitte an Ihre Buchhandlung.

SPORT VERLAG

SPORTVERLAG GmbH
Neustädtische Kirchstraße 15 · O-1080 Berlin

BOHUMIL KOS / ZDENEK TEPLÝ

1500 Fitneß-Übungen

311 Seiten, 163 Zeichnungen, Broschur, ISBN 3-328-00385-1

Ob Trainer, Übungsleiter oder Laien – jeder findet „seine" Übungen in dieser nahezu unerschöpflichen Fundgrube zur Konditionsgymnastik. Aufwendiges Lernen ist nicht erforderlich, denn alle Übungen können sofort ausgeführt werden. Das macht dieses Buch vor allem für Laien interessant. 1500 Fitneß-Übungen, die solo, zu zweit oder in der Gruppe ausgeführt werden – mal mit und mal ohne Hand- oder Turngerät – stehen zur Auswahl. Geordnet sind sie nach ihrer Wirkung. Es gibt Übungen in der Bewegung. Diese eignen sich bestens für die Erwärmung. Der Organismus wird auf die nachfolgenden Belastungen vorbereitet und der Übende psychisch darauf eingestimmt. Die Konditionsübungen sind speziell auf einzelne Körperteile bzw. Funktionsbereiche zugeschnitten.
Unterteilt sind sie in Beweglichkeits-, Kraft- und Lockerungsübungen.

VLADIMIR GLIVICKY u. a.

Gymnastik für alle

10. Aufl., 48 Seiten. Broschur, ISBN 3-328-00017-8

Es werden 52 leichtverständlich geschriebene Übungskomplexe für gymnastische Übungen angeboten, die individuell, paarweise und in Gruppen vielseitig verwendbar sind.

BOHUMIL KOS

Übungen mit dem Seil

4. Aufl., 114 Seiten, 222 Abbildungen, Broschur, ISBN 3-328-00034-8

Diese Auswahl von über 200 Übungsformen ist eine Fundgrube für alle, die nach abwechslungsreichen Übungselementen mit hoher Bewegungsintensität suchen.

Bestellungen richten Sie bitte an Ihre Buchhandlung.

SPORT VERLAG

SPORTVERLAG GmbH
Neustädtische Kirchstraße 15 · O-1080 Berlin

MANFRED SCHOLICH

Circle Training

Kondition und Fitneß durch rationelles Üben

160 Seiten, 121 Zeichnungen, Broschur, ISBN 3-328-00458-0

Ohne Fitneß und Kondition keine Leistung. Das gilt für alle Sportler, selbst für Schachspieler. Leistungsfähigkeit jedoch ist nicht zum Nulltarif zu haben. Man muß dafür schon einiges tun – üblicherweise im Training. Circle-Training als bewährte methodische Hilfe weist den Weg zum Erfolg, ist für optimale Konditionierung eine sichere Bank.
Erfunden in den USA, weiterentwickelt unter anderem durch Manfred Scholich, der unter Fachleuten als der Experte für Circle- und Kreistraining gehandelt wird.
Der Fundus von mehr als 100 Übungsvarianten ist ein echtes Top-Angebot für alle, die sich in Form bringen wollen. Diese Methode ermöglicht es, auf engstem Raum mehrere Personen zugleich effektiv üben zu lassen. Die vom Autor angegebenen Programme sind Trainingskonzepte für „Profis", für Fußballer ebenso wie für Leichtathleten oder Ruderer, und erweisen sich – dank ihrer Vielfalt – als Fundgrube für Trainer, Übungsleiter und Sportlehrer.
Ein weiterer Vorzug: Das Programm ermöglicht auch individuelles Üben und ist somit bestens für Einsteiger geeignet, die wertvolle Anregungen und Hinweise finden, wie sie ihr eigenes Fitneßprogramm gestalten können.

Bestellungen richten Sie bitte an Ihre Buchhandlung.

SPORT VERLAG

SPORTVERLAG GmbH
Neustädtische Kirchstraße 15 · O-1080 Berlin